FALT

»Schreiben Sie uns!

Wir hoffen, dass Ihnen dieser Reiseführer gefällt und er Ihnen ein guter Begleiter auf einer außergewöhnlichen und spannenden Reise ist.

Weil ein Reiseführer von Erfahrungen lebt, sind wir an Ihren Erlebnissen interessiert: Haben Sie im Buch ein Restaurant entdeckt, das es nicht mehr gibt, eine Sehenswürdigkeit, die wir noch nicht aufgeführt haben, oder eine falsche Adresse? Dann schreiben Sie uns!

Wir nehmen jeden Hinweis und jede Kritik ernst und arbeiten kontinuierlich daran, die Bücher aktuell zu halten und immer weiter zu verbessern. Auch wenn wir nicht jeden Wunsch erfüllen können, machen wir uns immer Gedanken über Ihre Anmerkungen.

Schreiben Sie an: info@reise-know-how.de oder Reise Know-How Verlag Peter Rump GmbH, Postfach 140666, 33626 Bielefeld

Wenn sich Ihre Infos direkt auf das Buch beziehen, bitten wir um die Angabe der Seitenzahl und der Auflagennummer bzw. des Erscheinungsjahres. Besonders hilfreiche Beiträge belohnen wir mit einem Sprachführer Ihrer Wahl aus unserer „Kauderwelsch"-Reihe.

Herzlichen Dank und gute Reisen
Ihr Reise Know How Verlag

Diesem Buch wurde hier ein herausnehmbarer Faltplan beigefügt.
Sollte er beim Erwerb des Buches nicht mehr vorhanden sein, fragen Sie bitte bei Ihrem Buchhändler nach.

Liebe Leserin, lieber Leser,

ein unabhängiger Verlag für unabhängig Reisende – das sind wir, der Reise Know-How Verlag aus Bielefeld, eines der letzten Familienunternehmen in der Branche. Obwohl wir zu den größten Reiseführerverlagen Deutschlands gehören, ist der familiäre Umgang miteinander in allen Bereichen des Verlagslebens zu spüren: In der Geschäftsführung in zweiter Generation, in einer wertschätzenden Arbeitsatmosphäre, in der Nähe zu unseren frei arbeitenden Autorinnen und Autoren, im engen Austausch mit unseren Leserinnen und Lesern – und auch in der Zusammenarbeit mit Druckereien in Deutschland, in denen wir ausschließlich und regional unsere Bücher produzieren. Die sollen schließlich erst mit Ihnen auf große Reise gehen.

Alles, was wir in unsere Bücher und Landkarten stecken, soll Ihnen eines ermöglichen: Auf Ihre ganz eigene, individuelle Weise die Welt zu entdecken. Wir wünschen Ihnen viel Freude und unvergessliche Erlebnisse mit diesem Reiseführer.

Es grüßen herzlich
Peter Rump & Wayan Rump

The Olde Towne

Kopfsteinpflaster, roter Backstein und verwinkelte Gassen: In Boston ist das britische Erbe immer noch so deutlich sichtbar wie im lokalen Dialekt hörbar. Historisch kennt man die Metropole Neuenglands vor allem aufgrund ihrer maßgeblichen Rolle während der Amerikanischen Revolution, von der Boston Tea Party (s. S. 30) bis hin zu Paul Reveres sagenumwobenem Teufelsritt (s. S. 35). Ansonsten ist in der Stadt am Meer, seit Jahrhunderten ein Zentrum globaler Migrationsströme, nur der Wandel konstant. Zahlreiche Einwanderergruppen haben ihre Spuren hinterlassen und tun es bis heute.

Gegründet wurde Boston im Jahr 1630 von puritanischen Siedlern aus England, womit die Stadt zu den ältesten der Vereinigten Staaten gehört. Das hat ihr unter anderem den pseudo-archaisch buchstabierten Spitznamen „The Olde Towne" eingebracht, der von zahlreichen örtlichen Tourismusanbietern dankbar aufgegriffen wird. Aber etwa auch das traditionsreiche Baseball-Team der Boston Red Sox, das seit dem Jahr 1912 im altehrwürdigen Fenway Park 30 spielt, wird in der Sportberichterstattung gerne als „The Olde Towne Team" bezeichnet.

Es ist besonders die Verbindung aus Tradition und ständiger Veränderung, die Boston so faszinierend macht. Der Backstein spiegelt sich in Hochhausfassaden, auf ehemaligen Brachen des Hafens ist eine ultramoderne Stadt aus Glas gewachsen. In Harvard 32 und am MIT 31, den jahrhundertealten Elitehochschulen der Wissenschaftsmetropole, forschen und studieren heute Menschen aus aller Welt. Berühmte Museen, Bühnen und Orchester locken auf der Avenue of the Arts 27, zudem ist Boston ein Zentrum der LGBT-Community, ein Ort facettenreicher Subkulturen und eines vielfältigen Nachtlebens.

Man kann sich der Stadt auf vielerlei Arten nähern: durch das historische Backsteinmeer zwischen North End (s. S. 34) und Beacon Hill (s. S. 39) oder den glitzernden Seaport District (s. S. 17), als History-Nerd auf den Spuren der Geschichte, shoppend durch die hippen Läden der Back Bay (s. S. 79) oder als Foodie zwischen Chinatown 14 und dem Boston Public Market (s. S. 80). Wo immer man sich auch bewegt, das Meer ist nie weit – man riecht und schmeckt es. Die alte Hafenstadt hat immer noch ihre eigene Fischereiflotte, Muschelbänke und Hummergründe vor der Tür, und was Bostons Gastroszene daraus macht, ist so vielfältig wie die Stadt selbst.

Der Autor

Aufgewachsen in einer beschaulichen oberbayerischen Kleinstadt und nach zwei Jahrzehnten inmitten großer Metropolen ist **Alexander Simmeth** seit einigen Jahren zwischen den Großen Seen und der Atlantikküste Neuenglands zu Hause. Die faszinierenden Landschaften aus Wasser, Wäldern und Feldern lassen ihn seither ebenso wenig los wie ihre pulsierenden urbanen Zentren. Historiker von Beruf, arbeitet er als Autor und Übersetzer und ist ansonsten so oft wie möglich auf Reisen, zum Trekking in der Wildnis und zum Tauchen in den Meeren ebenso wie auf Entdeckungstouren durch die Großstädte der Welt.

Boston auf einen Blick

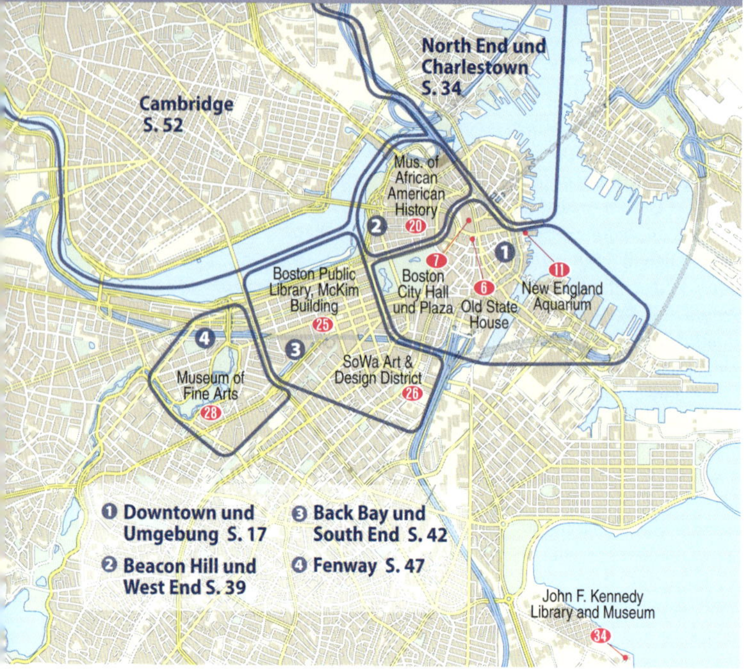

Inhalt

1 The Olde Towne
1 Der Autor

7 Boston entdecken

8 Willkommen in Boston
10 Kurztrip nach Boston
10 Boston von oben
12 Stadtspaziergang
13 Das gibt es nur in Boston

17 Downtown und Umgebung

17 1 Boston Common und Public Garden ★★ [D4]
19 2 Park Street Church und Granary Burying Ground ★★ [E3]
20 3 Boston Athenæum ★ [E3]
20 4 Old South Meeting House ★★ [F3]
21 5 Old Corner Bookstore ★ [F3]
21 6 Old State House ★★★ [F3]
23 7 Boston City Hall und Plaza ★★★ [F2]
25 8 The New England Holocaust Memorial ★ [F2]
25 9 Faneuil Hall Marketplace ★★ [F2]
27 10 Rose Fitzgerald Kennedy Greenway ★ [G3]

28 ⓫ New England Aquarium ★★★ 🦋 [G3]
29 Boston Harborwalk
30 Boston Tea Party
31 ⓬ Boston Tea Party Ships and Museum ★★ [G4]
32 ⓭ Institute of Contemporary Art ★★★ [H4]
33 ⓮ Chinatown ★★ [E4]
34 ⓯ Wang Theatre ★ [D5]

34 North End und Charlestown
35 ⓰ Paul Revere House ★★ [F2]
36 The Great Molasses Flood
36 ⓱ Old North Church ★ [F1]
37 ⓲ USS Constitution und Museum ★ [eg]
38 ⓳ Bunker Hill Monument und Museum ★ [dg]

39 Beacon Hill und West End
39 ⓴ Museum of African American History & The African Meeting House ★★★ [D3]
41 ㉑ Vilna Shul ★★ [D2]
42 ㉒ Museum of Science ★ [C1]

42 Back Bay und South End
42 ㉓ John Hancock Tower ★★ [C5]
43 ㉔ Trinity Church of Boston ★ [C5]
44 ㉕ Boston Public Library, McKim Building ★★★ [B5]
46 ㉖ SoWa Art & Design District ★★★ [D6]

47 Fenway
47 ㉗ Avenue of the Arts ★★ [bk]
48 ㉘ Museum of Fine Arts ★★★ [bk]
49 ㉙ Isabella Stewart Gardner Museum ★★★ [bk]
50 ㉚ Fenway Park ★ [bj]
51 Emerald Necklace 🦋

52 Cambridge
52 ㉛ Massachusetts Institute of Technology (MIT) ★ [bh]
54 ㉜ Harvard University ★ [ag]

MEIN TIPP

Vor der Reise erledigen

Möchte man die folgenden Sehenswürdigkeiten in den Sommermonaten bzw. am Wochenende besuchen, sollte man sich vorab online um Tickets kümmern:

- Museum of Fine Arts ㉘
- Isabella Stewart Gardner Museum ㉙
- Whale Watching-Touren (s. S. 30)

Cleveres Nummernsystem

Die Sehenswürdigkeiten sind im Text und im Kartenmaterial mit derselben **magentafarbenen ovalen Nummer** ❶ markiert. Alle anderen Lokalitäten wie Geschäfte, Restaurants usw. tragen ein **Symbol und eine fortlaufende rote Nummer (1)**. Die Liste aller Orte und die Zeichenerklärung befinden sich im Anhang.

🦋 Der Schmetterling ...

... zeigt an, wo man Angebote im Bereich des nachhaltigen Tourismus findet.

Bewertung der Sehenswürdigkeiten

★★★ nicht verpassen
★★ besonders sehenswert
★ wichtig für speziell interessierte Besucher

Planquadrat im Kartenmaterial

[A1] Orte ohne diese Angabe liegen außerhalb unserer Karten. Ihre Lage kann aber wie die aller Ortsmarken mithilfe der begleitenden Web-App angezeigt werden (s. Anhang).

Vorwahlen

- **USA:** 001
- **Boston:** 617 und 857. Der dreistellige *area code* geht der siebenstelligen Rufnummer voraus und muss auch bei Ortsgesprächen mitgewählt werden.

Adressangaben

Adressen beginnen in den USA mit der **Hausnummer,** dann folgt die Straßenbezeichnung (z. B. 48 State St.). Die Häuser werden nicht „durchgezählt", stattdessen werden Nummern nach der Entfernung von bestimmten Orientierungspunkten vergeben, sodass die Hausnummern mitunter sehr hoch sind.

Updates zum Buch

www.reise-know-how.de/citytrip/boston24

56 **Entdeckungen außerhalb**
56 33 Jamaica Plain und Arnold Arboretum ★
57 34 John F. Kennedy Library and Museum ★★★ [fl]
58 35 Boston Harbor Islands National Park ★

59 **Boston erleben**

60 Boston für Kunst- und Museumsfreunde
63 Boston für Genießer
73 Boston am Abend
79 Boston zum Stöbern und Shoppen
81 Konfektionsgrößen
84 Boston zum Durchatmen
85 Zur richtigen Zeit am richtigen Ort

☐ Blick über Boston mit dem markanten Hancock Tower 23 (001bo ©rabbit75_fot, stock.adobe.com)

89 **Boston verstehen**

90 Boston – ein Porträt
93 Von den Anfängen bis zur Gegenwart
98 Leben in der Stadt

101 **Praktische Reisetipps**

102 An- und Rückreise
104 Autofahren
105 Barrierefreies Reisen
105 Diplomatische Vertretungen
106 Ein- und Ausreisebestimmungen
107 Elektrizität
107 Geldfragen
108 Boston preiswert
109 Informationsquellen
110 Meine Literaturtipps
111 Internet, LGBT+
112 Maße und Gewichte
112 Medizinische Versorgung
113 Mit Kindern unterwegs
114 Notfälle
115 Öffnungszeiten, Post
116 Radfahren
118 Sicherheit
118 Sprache
118 Stadttouren
121 Telefonieren
122 Uhrzeit
122 Unterkunft
125 Verhaltenstipps
125 Verkehrsmittel
128 Wetter und Reisezeit

129 **Anhang**

130 Kleine Sprachhilfe Amerikanisch
133 Register
138 Karte Boston, Umgebung
140 Impressum
141 Liste der Karteneinträge
144 Boston mit PC, Smartphone & Co.
144 Zeichenerklärung

NICHT VERPASSEN!

6 Old State House [F3]
Was früher die Macht der Kolonialherren repräsentierte, wirkt heute wie ein Spielzeughaus (s. S. 21).

7 Boston City Hall and Plaza [F2]
Der brutalistische Bau aus den 1960er-Jahren entzweit die Geister. Ohne Zweifel ist er aber eines der beeindruckendsten Beispiele dieses Baustils (s. S. 23).

11 New England Aquarium [G3]
Tausende Meerestiere und informative Ausstellungen in sehenswertem Ambiente (s. S. 28).

Boston Harborwalk
Sonne, Meer und Großstadt: Es gibt keine schönere und passendere Art, sich der Hafenstadt Boston zu nähern (s. S. 29).

20 Museum of African American History & The African Meeting House [D3]
Die frühesten Spuren freier Afroamerikaner auf US-amerikanischem Boden (s. S. 39).

25 Boston Public Library, McKim Building [B5]
In vielen US-Städten gehören die klassizistischen Bibliotheksbauten des späten 19. Jh. zu den beeindruckendsten architektonischen Zeugnissen jener Zeit, so auch in Boston (s. S. 44).

26 SoWa Art & Design District [D6]
Einzigartiges Konglomerat aus Ateliers, Werkstätten, Galerien, Märkten und Restaurants auf einem ehemaligen Brachland zwischen Autobahnen (s. S. 46).

28 Museum of Fine Arts [bk]
Mit etwa einer halben Million Ausstellungsstücken ist das Museum, untergebracht in einem imposanten Gebäude an der Avenue of the Arts, eine der größten Kunstinstitutionen der USA (s. S. 48).

34 John F. Kennedy Library and Museum [fl]
Das Museum des legendären US-Präsidenten in einem spektakulären Bau von I. M. Pei (s. S. 57).

BOSTON ENTDECKEN

002bo-as

Willkommen in Boston

003bo ©diak, stock.adobe.com

Boston wird oft als die „europäischste" Stadt der USA bezeichnet und in der Tat ist sie trotz riesiger Stadterneuerungsprojekte im Laufe des 20. Jahrhunderts immer noch vielerorts von rotem Backstein geprägt und – für Nordamerika sehr ungewöhnlich – von verwinkelten, teils engen Straßen durchzogen.

Boston hinterlässt vielerorts einen britischen Eindruck und macht so ihrer Funktion als Metropole Neuenglands auch in ihrem Erscheinungsbild alle Ehre. Ebenfalls nicht unbedingt typisch für die Vereinigten Staaten ist der hervorragend ausgebaute **Nahverkehr**, mit dem man sich unkompliziert und günstig durch die Stadt bewegen kann. Mit Bus und Bahn, per pedes und vielleicht hier und da mit einem Leihfahrrad ist Boston am schönsten, angenehmsten und auch am günstigsten zu erkunden.

Wasser, Hafen und Meer bestimmten von Beginn an Bostons Schicksal. In den letzten Jahrzehnten hat sich die Stadt wieder **zum Wasser hin geöffnet:** Promenaden, Uferparks und alte Hafenanlagen wurden zum Dutzende Kilometer langen **Boston Harborwalk** (s. S. 29) vereint und sind durchgehend begehbar. Die Lage am Wasser ist für die Stadt in jeder Hinsicht prägend und das gilt auch für den Urlaub: Man kann sich immer gut an Fluss, Meer und Hafen orientieren, man wird viel am (und vielleicht auf dem) Wasser unternehmen. Die Brise vom Atlantik sorgt für gute Luft und auch kulinarisch ist die Stadt sehr stark vom Meer geprägt.

Vorseite: Schwanenboote im Public Garden 1

Boston ist eines der Hauptziele bei Städtereisen in die USA und touristisch gut erschlossen. Ein Schwerpunkt liegt dabei auf der **Präsentation von Geschichte:** „So much History!", ist eine gängige Reaktion, wenn man Amerikanern gegenüber Boston erwähnt. Insbesondere ist damit die Rolle der Stadt während der **Amerikanischen Revolution** gemeint, aber für Geschichtsinteressierte gibt es noch sehr viel mehr zu entdecken. Auch wenn man nicht in erster Linie dafür in die Stadt kommt, wäre es doch schade, das Thema ganz links liegen zu lassen. Viele der dahingehend besonders interessanten Stationen finden sich Downtown (s. S. 17), im North End (s. S. 34) und auf dem Beacon Hill (s. S. 39). Downtown und der Financial District warten darüber hinaus mit interessanter **(Hochhaus-)Architektur** auf, dem **Regierungsviertel** und natürlich mit einem Filetstück der **Waterfront**, an dem z. B. das New England Aquarium 11 zu finden ist.

Auch zum **Shoppen** (s. S. 79) gibt es vielfältige Möglichkeiten, die allerdings nicht in erster Linie in Downtown zu finden sind, sondern im mondänen Viertel **Back Bay** (s. S. 42). Es wurde etwas später gebaut als die zentralen Viertel direkt um Down-

town, weswegen man hier auch das aus Nordamerika gewohnte und einfach zu navigierende Schachbrettmuster auf dem Stadtplan vorfindet. In Back Bay befinden sich mit **Prudential Center** und **Copley Place** zwei große Shoppingmalls (s. S. 79). Darüber hinaus kann man die ebenfalls nahe gelegene **Newbury Street** (und ihre direkte Umgebung) als Haupteinkaufsstraße der Stadt bezeichnen.

Für Kunstinteressierte und Liebhaber klassischer Musik ist die **Huntington Avenue** in Fenway, **Avenue of the Arts** 27 genannt, die erste Adresse. Hier finden sich mit dem **Museum of Fine Arts** 28 und dem **Isabella Stewart Gardner Museum** 29 zwei der interessantesten Kunstmuseen der Stadt. Außerdem sind das **Boston Symphony Orchestra** (Boston Symphony Hall, s. S. 77) und das **New England Conservatory of Music** (Jordan Hall, s. S. 78) hier beheimatet. Die Auftrittsstätten für andere Musikstile sind über die Stadt verteilt. Dasselbe gilt für Orte des **Nachtlebens** (s. S. 73) wie Bars, die z. B. in der Back Bay, aber auch Downtown oder im North End zu finden sind. In Chinatown und dem Theater District brodelt es nachts besonders.

Eher ruhig und beschaulich geht es in den engen und teilweise steilen Straßen auf dem **Beacon Hill** zu, obwohl er einer der Hauptattraktionen der Stadt ist. Hier kann man wunderbar schlendern und den Geist des alten Boston atmen. Auch Teile von **North End** versprühen nach wie vor diesen Charme, während das **West End** (s. S. 39) in den 1950er-Jahren komplett eingeebnet und danach neu bebaut wurde. Ruhig ist es auch in **Jamaica Plain** 33, das mit viel Grün gesegnet ist und mit seinen Wohnstraßen eher wie ein Vorort wirkt, gleichwohl finden sich auf seiner zentralen Achse nicht nur schöne Läden und gute Restaurants, hier ist auch einer der Hotspots der **LGBT+ Community.**

Architektonische Highlights finden sich in der ganzen Stadt, zeitgenössische Stadtplanung kann man insbesondere im Seaport District (s. S. 17) bewundern, aber auch in Downtown und Teilen der Back Bay. Insgesamt sind sehenswerte Ziele, die auf ihre Eroberung warten, weit über die Stadt verstreut und auch die etwas außerhalb liegenden Viertel und angrenzende Vorstädte haben je nach Interesse viel zu bieten.

Die Skyline Bostons vom Hafen aus gesehen

Kurztrip nach Boston

Für Reisende, die einen vollen Tag zur Verfügung haben, wird auf den Folgeseiten ein Stadtspaziergang (s. S. 12) vorgeschlagen. Empfehlenswert ist allerdings, zumindest **zwei, idealerweise drei Tage** für einen Besuch Bostons einzuplanen. In diesem Fall wäre zum Beispiel folgender Ablauf zu empfehlen:

Erster Tag

Für den ersten Tag bietet sich zunächst der auf Seite 12 beschriebene **Stadtspaziergang** an, der durch sehenswerte Teile von Downtown, North End, Charlestown, West End und des Beacon Hill führt.

Für den Nachmittag könnte man sich etwa den Besuch des zentral an der Waterfront gelegenen **New**

Boston von oben

View Boston heißt die höchste öffentlich zugängliche Aussichtsplattform der Stadt. Vom 52. Stock des **Prudential Center** (s. S. 80, auch „Pru Center" oder schlicht „Pru" genannt) in der Back Bay eröffnet sich aus über 200 m Höhe ein **wunderbarer Blick** über die Stadt und ihre Umgebung, über das Meer aus Backstein und die imposanten Hochhäuser, über den Charles River und den Boston Harbor Islands National Park 35 im Atlantik und weit über die bewaldeten Hügel Neuenglands. Die Sicht ist vor allem im Sommer früh morgens ideal, tagsüber wird es in der Regel dunstig. Der Sonnenuntergang wiederum ist besonders beeindruckend und romantisch.

Auf den Rundgängen in den obersten beiden Stockwerken finden sich u. a. eine Reihe von Ferngläsern für alle, die noch genauer hinsehen wollen. Zudem werden geführte Touren angeboten. Wer den Ausblick beim Dinner genießen will, findet im 50. Stockwerk **Bar und Restaurant.**

View Boston ist täglich von 10 bis 22 Uhr geöffnet (Eintritt ohne Führung ab $ 30, bis 12 Jahre $ 24; mit Tour und Gutschein für den Shop $ 60/$ 54).

Aussicht vom „Pru" in Richtung Beacon Hill

004bo-as

England Aquariums 11 vornehmen und etwas über den **Harborwalk** (s. S. 29) schlendern, für Kunstinteressierte bietet sich alternativ das **Museum of Fine Arts** 28 an, das mit dem ÖPNV gut zu erreichen ist.

Der Abend könnte bei einem **Konzert oder im Theater** (s. S. 76) ausklingen bzw. vielleicht auch mit einer **Sunset Cruise** (s. S. 120) über den Charles River oder durch den Hafen und später bei einem leckeren Dinner in interessanter Umgebung in **Chinatown** 14 – es sei denn, es soll **Seafood** sein (s. S. 67), man ist ja schließlich in Neuengland.

Wer sich am Nachmittag etwa anstatt des Museums of Fine Arts für das **Institute of Contemporary Art** 13 entscheidet oder mit den Kindern in das **Children's Museum** (s. S. 60) gehen will –, vielleicht in Verbindung mit den **Tea Party Ships** 12 – findet auch jenseits des Fort Point Channel (in Fort Point bzw. Seaport) viele tolle Möglichkeiten, bei einem Dinner den Tag ausklingen zu lassen.

Zweiter Tag

Den zweiten Tag könnte man spektakulär mit **Whale Watching** beginnen: Im Sommer fahren die Katamarane schon früh von der Long Wharf neben dem Aquarium 11 ab (Boston City Cruises, s. S. 120).

Für den Nachmittag bietet sich eine Tour mit dem **Fahrrad** (s. S. 117) an, um durch das **Emerald Necklace** (s. S. 51) und entlang der **Charles River Esplanade** (s. S. 84) die Back Bay und etwas außerhalb der Innenstadt liegende Stadtteile wie Fenway und Jamaica Plain zu erkunden, vielleicht sogar das schöne **Arnold Arboretum** 33. Der Fahrradverleih Urban Adventours (s. S. 119)

005bo-as

befindet sich nur etwa 10 Gehminuten von der Long Wharf. Im **Boston Public Market** (s. S. 80) könnte man sich unterwegs an einem der vielen Stände kurz stärken. Alternativ zur selbstgeführten Fahrradtour kann man sich auch für eine der **geführten Stadttouren** (s. S. 118) entscheiden, die zu einem breiten Themenspektrum angeboten werden.

Falls man das Fahrrad bei Urban Adventours zurückgeben muss, könnte der Abend dem **North End** und seinen vielen kulinarischen Möglichkeiten wie dem nahen **Antico Forno** (s. S. 70) gehören. Unternehmungslustige nehmen die U-Bahn (Blue Line), fahren nur wenige Minuten hinüber nach **East Boston** und speisen dort weit abseits des gängigen Trubels unter Einheimischen, etwa kolumbianisch im **El Peñol** (s. S. 71) oder etwas bodenständiger direkt nebenan im **Kelley Square Pub** (s. S. 66).

Maritimes Flair ist in Boston allgegenwärtig

Dritter Tag

Am dritten Tag bietet es sich für den Vormittag an, das äußerst sehenswerte **John F. Kennedy Museum** 34 zu besuchen. Alternativ könnte man bei einem Besuch des **MIT** 31 und seines Museums etwas akademische Luft schnuppern und die beeindruckende Architektur bewundern.

Am Nachmittag ist vielleicht dann **Shopping** angesagt. Die Back Bay lässt in dieser Hinsicht kaum Wünsche offen, sei es in der **Newbury Street** oder in einer der großen **Malls** (s. S. 79; spätestens jetzt sollte man auch einen Blick auf **Boston von oben** werfen, s. S. 10). Wer kunstfertige und lokal hergestellte Dinge sowie Ausgefallenes abseits der großen Marken vorzieht, dem sei stattdessen ein Shoppingtrip durch den **SoWa Art & Design District** 26 ans Herz gelegt.

Wie wäre es am Abend mit einem **Ball Game?** „Amerikanischer" kann man einen Besuch Bostons kaum ausklingen lassen. Vielleicht ergattert man ja Tickets für ein Baseballspiel der Red Sox im Fenway Park 30 bzw. ein Basketballspiel (Celtics) oder Eishockeyspiel (Bruins) im TD Garden (s. S. 77) und lässt sich Popcorn, „Brats" und Budweiser schmecken.

033bo-as

Stadtspaziergang

Der hier beschriebene Stadtspaziergang dauert ohne Aufenthalte an den erwähnten Orten je nach Gangart rund **drei bis vier Stunden.** Er dient der ersten Orientierung in und um die Bostoner Innenstadt und führt durch alte und verwinkelte Gassen, über breite Boulevards zu moderner Architektur und natürlich immer wieder durch Grün und ans Wasser.

Wer zum ersten Mal nach Boston kommt, sollte auf jeden Fall den berühmten **Freedom Trail** in einen ersten Stadtspaziergang mit einbeziehen. Nicht alle offiziellen Anlaufpunkte des etwa 4 km langen Trails sind für europäische Besucher unbedingt interessant, er führt aber durch einige sehr sehenswerte Stadtteile Bostons und bietet durch die deutliche Markierung (durchgehende rote Linie am Boden) eine gute Orientierungshilfe.

Der bereits in den 1950er-Jahren angelegte Trail startet am Park **Boston Common** 1 und ist durch die Parkverwaltung des Boston National Historical Park in vier thematische und zugleich chronologische Kapitel untergliedert, die man der Reihe nach abwandert. Das erste Kapitel, d. h. in etwa das erste Viertel des Trails, steht nach einem Satz von John Adams unter der Überschrift „Revolution of Minds and Hearts" und erzählt gewissermaßen die Vorgeschichte der Revolution. Dabei geht es um die Etablierung und Konsolidierung der Kolonie in den Jahren bis 1760 und um die Entwicklung hin zur selbstbewussten Repräsentation eigener Interes-

[<] Zentrale Einkaufsstraße: Shops in der Newbury Street [A5–C4]

Das gibt es nur in Boston

- **Whale Watching mit U-Bahn-Anschluss:** Mit Whale Watching wird man viele Gegenden und Regionen der Welt verbinden, kaum jemand wird dabei allerdings an eine Großstadt und öffentliche Verkehrsmittel denken. In Boston geht es mit der U-Bahn direkt zum Dock und von dort mit dem Schiff in etwa einer Stunde zu den Walen (s. S. 30).
- **Der heilige Kabeljau:** Angesichts seines entscheidenden Anteils am Überleben der ersten Siedler und später an der Anhäufung wachsenden Wohlstands wurde dem Kabeljau mit dem „Sacred Cod" („Heiliger Kabeljau") im Old State House 6 ein Denkmal gesetzt, und zwar in Form einer hölzernen, von der Decke hängenden Fischskulptur. Das Original ging bei einem Brand verloren und wurde 1748 durch ein neues Exemplar ersetzt, das nun im aktuellen Massachusetts State House direkt am Boston Common (24 Beacon St.) hängend seinen Platz fand. Dort kann der Fisch bis heute bewundert werden, auch deswegen, weil mehrere Versuche, ihn zu stehlen, letztendlich erfolglos blieben.
- **Ein Denkmal für Diethylether:** Dem Diethylether wurde im Jahr 1867 im Public Garden 1 ein Denkmal gesetzt, da im Jahr 1846 zum ersten Mal in Boston öffentlich mit diesem Narkosemittel operiert wurde. Das „Der Gute Samariter" („The Good Samaritan") genannte Denkmal, das sich in der nordwestlichen Ecke des Parks an der Arlington Street befindet, ist 12 m hoch und zeigt kurioserweise einen auf der Spitze einer Säule sitzenden bärtigen Mann in maurischer Robe. Der Grund für diese Darstellung ist nicht ganz klar, allerdings nimmt man an, dass sie mit dem damals noch schwelenden Streit um die Frage zu tun hat, wer Diethylether wirklich zum ersten Mal erfolgreich eingesetzt hat. Der Bildhauer John Quincy Adams Ward (1830–1910) wollte mit dem bewusst fremdländischen Aussehen des Mannes wohl jedwede Ähnlichkeiten mit einem der in Frage kommenden Herren ausschließen und signalisieren, in diesem Streit neutral bleiben zu wollen.
- **Der größte Van-de-Graaff-Generator der Welt:** Im Theater of Electricity des Museum of Science 22 lässt sich der imposante, über 13 m hohe Van-de-Graaff-Generator bewundern, durch den im Rahmen von Vorführungen (jede Menge Nerd-Witze inklusive) über eine Million Volt Spannung geschickt werden. Der Generator stand ursprünglich am MIT 31 und wurde in den 1930er-Jahren von Professor Robert J. Van de Graaff gebaut.

sen gegenüber der Kolonialmacht. Die hierzu gehörenden Anlaufpunkte sind neben dem Boston Common selbst unter anderem auch die **Park Street Church und Granary Burying Ground 2**.

Das zweite Kapitel, „The People Revolt" von 1761 bis 1775, umfasst die Jahre der wachsenden Interessengegensätze und Konflikte sowie schließlich auch der ersten gewaltsamen Eskalationen. In diesem Zu-

Routenverlauf im Stadtplan
Der hier beschriebene Spaziergang ist mit einer farbigen Linie im Stadtplan eingezeichnet.

sammenhang passiert man das **Old South Meeting House** ❹, den **Old Corner Bookstore** ❺, das **Old State House** ❻ mit dem Ort des **Boston Massacre** (1770, s. S. 95) und die **Faneuil Hall** ❾. In direkter Nachbarschaft der Faneuil Hall befindet sich die **Boston City Hall** ❼, ein imposanter, brutalistischer Gruß aus dem 20. Jahrhundert. Auf sie sollte man zumindest von außen einen Blick werfen, bevor es auf dem Freedom Trail weitergeht. Zwischen dem Faneuil Hall Marketplace und der City Hall steht das sehenswerte **New England Holocaust Memorial** ❽.

Das dritte Kapitel befasst sich chronologisch mit nur zwei, allerdings entscheidenden, Tagen des Ausbruchs der eigentlichen Revolutionsphase im April 1775 und der „Neighborhood of Revolution", dem **North End** (s. S. 34). Hier befinden sich das **Paul Revere House** ⓰ und die **Old North Church** ⓱. Im weiteren Verlauf des Trails passiert man den **Copp's Hill Burying Ground** mit Gräbern vieler Handwerkerfamilien, aber auch Geistlicher und Helden der Revolution aus der Zeit von 1659 bis ca. 1850. Schautafeln weisen die einzelnen Bereiche aus, auf einigen Grabsteinen sind alte Einschusslöcher (angeblich von britischen Soldaten) zu sehen. Gegenüber dem Eingang zum Friedhof steht das kleinste Haus Bostons, das sogenannte **Skinny House** (44 Hull Street), das kurz nach dem US-amerikanischen Bürgerkrieg je nach örtlicher Legende wahlweise durch Streitereien zwischen Brüdern oder zwischen Nachbarn als Neidbau entstanden ist: Zweck des Baus war, dem Feind nebenan das Haus zu verdunkeln und die Aussicht zu verschandeln. Das vierte und letzte Kapitel des Free-

007bo-as

008bo-as

dom Trail, „Boston Goes to War“, hat schließlich den Unabhängigkeitskrieg ab 1776 zum Thema, repräsentiert durch den **Charlestown Navy Yard** mit der **USS Constitution** (18) und das **Bunker Hill Monument & Museum** (19). Sie erreicht man über die Charles River Bridge nach Charlestown, von der aus man rechter Hand bereits einen schönen Ausblick über den gesamten Naval Shipyard, also die alten Werften in Charlestown, hat, die als Ganzes ebenfalls denkmalgeschützt sind. Nach Überqueren der Brücke geht es leicht aufwärts in Richtung Bunker Hill Monument, das weithin sichtbar und so kaum zu verfehlen ist. Auf dem Weg zum Navy Yard mit seinen steinernen alten Lagerhallen und Docks geht es wieder hinunter zum Wasser.

An dieser Stelle ist der markierte Freedom Trail zu Ende. Von hier aus geht es auf dem Stadtspaziergang nun vom Eingangsbereich des Navy Yard auf der Constitution Road bis an ihr Ende im **Paul Revere Park** und von dort über die alten Schleusen des St. Charles River zurück nach Boston. Die von Tausenden Fischen besiedelten **Schleusen** sind sehenswert. Von dort hat man außerdem einen herrlichen Ausblick über Stadt, Fluss und Hafen sowie über die imposante Autobahnbrücke mit dem langen Namen **Leonard P. Zakim Bunker Hill Memorial Bridge**, die – nomen est omen – mit ihren zwei riesigen Pylonen das Bunker Hill Memorial zitiert. Nach Überqueren der Schleuse ist man auf der North Beverly Street und geht (den Converse Flagship Store linker Hand, s. S. 81) direkt auf die Causeway Street zu, die man geradeaus überquert, um auf der anderen Straßenseite auf dem Gehweg nach rechts abzubiegen.

Der Straße folgend, streift man das **West End** (s. S. 39), einem eigentlich alten Viertel Bostons, von dem ein Stadterneuerungsprojekt der 1950er-Jahre allerdings kaum ein altes Gebäude übriggelassen hat. Rechts auf der anderen Straßensei-

Wohnhäuser im Viertel Back Bay (s. S. 42)

Blick über den Jachthafen auf das Bunker Hill Monument (19)

009bo-as

te rückt etwa der große Nordbahnhof (North Station) von 2005 in den Blick. Bei Bedarf kann man gegenüber dem Bahnhof kurz nach links in die Canal Street abbiegen und sich in der Brauereigaststätte **Night Shift Brewing** (s. S. 72) stärken. Der Spaziergang geht am Causeway weiter durch das West End und an der Kreuzung mit der Staniford Street diese links hinunter bis zur Cambridge Street, mit der abrupten Grenze zwischen dem modernen West End auf der einen und dem verwinkelten **Beacon Hill** (s. S. 39) auf der anderen Straßenseite.

Die Cambridge Street wird geradeaus überquert und es geht hinein nach Beacon Hill und die enge Temple Street hinauf. Von dort geht es nach rechts in die Derne Street, die wiederum in die Myrtle Street übergeht, und dann wieder rechts ein Stück hinunter in die Joy Street. Hier erreicht man ein Ende des **Black Heritage Trail** (s. S. 40), in diesem Fall markiert durch das äußerst sehenswerte **Museum of African American History & The African Meeting House** 20. Im weiteren Verlauf des Black Heritage Trail gilt dasselbe wie für den Freedom Trail: Nicht alle Stationen sind für Besucher aus Europa gleichermaßen interessant, jedoch ist es in weiten Teilen eine wunderbare Art, das Viertel Beacon Hill zu erkunden. Um die sehenswertesten Orte des Trails und des Viertels kennenzulernen, geht man am besten folgendermaßen weiter: Vom Museum bzw. dem Meeting House geht es die Joy Street hinab und wieder kurz auf die breite Cambridge Street, auf die man nach links abbiegt. Hier wird noch einmal der Gegensatz von Alt und Neu besonders schön sichtbar, bevor es die zweite Möglichkeit wieder nach links in die enge Irving Street hinauf- und in den Beacon Hill hineingeht. Die erste Möglichkeit rechts in die Phillips Street führt an einigen Stationen des Trails vorbei, vor allem aber auch an der **Vilna Shul** 21. Hier verlässt der Spaziergang den Black Heritage Trail. Es geht links die Anderson Street hinauf, am pittoresken Beacon Hill Market vorbei und bis in die Pinckney Street, auf der es nach rechts geht. Dann folgt man einfach der Straße, geht über den wunderschönen **Louisburg Square** und am schmucken Blumenladen Rouvalis Flowers vorbei in die geschäftige **Charles Street**. Dort finden sich unter anderem zahlreiche Coffeeshops und auch der eine oder andere Pub, vor allem aber gibt es bei J.P. Licks (s. S. 72) sehr leckere Eiscreme. Wer das alles auslassen möchte oder in kulinarischer Hinsicht andere Pläne hat, gelangt von der Pinckney Street links in die Charles Street abbiegend direkt zurück zum **Boston Common** und damit zum Ausgangspunkt des Spaziergangs.

Frühe Spuren freier Afroamerikaner: das African Meeting House 20

Downtown und Umgebung

Downtown ist das eigentliche Zentrum Bostons, das verwaltungstechnisch den **Financial District** und die **Waterfront** umfasst. Im vorliegenden Fall wird aus praktischen Gründen auch das direkt angrenzende **Chinatown** miteinbezogen und außerdem der **Seaport District** entlang des Hafens, der eigentlich zu South Boston gehört und durch Brücken über den Fort Point Channel, ein tief in die Stadt hineinragendes Hafenbecken, mit Downtown verbunden ist.

Für Besucher besonders interessant ist der **Harborwalk,** der Downtown und den Seaport District verbindet. Seaport hat in den vergangenen Jahren eine enorme Dynamik erlebt und gehört zu den am schnellsten wachsenden Stadtvierteln im ganzen Land. Hier lässt sich zeitgenössische Stadtplanung und Architektur bewundern, man kann in zahlreichen schicken und modernen Restaurants, Bars und Cafés einkehren oder auch den alten **Fish Pier** besuchen, der wie in einer Zeitkapsel überdauert hat.

1 Boston Common und Public Garden ★★ [D4]

Boston Common, angelegt im Jahr 1634 und damit der **älteste öffentliche Park Nordamerikas,** ist zugleich der größte zentral gelegene Park der Stadt. Genutzt wird er von Erholungssuchenden ebenso wie für Veranstaltungen, zugleich ist er aber auch Anlaufpunkt für Touristen und Ausgangspunkt zahlreicher Stadttouren. Dabei ist die frühe Geschichte weniger mit dem verbunden, was wir heute unter einem Stadtpark verstehen: Zur Kolonialzeit fanden hier Hinrichtungen statt. Die Opfer – Indianer, Hexen, (religiöse und politische) Dissidenten – wurden an Bäumen aufgeknüpft. Bis Mitte des 19. Jh. wurde die Fläche auch als Kuhweide genutzt, außerdem fanden Militärparaden statt und es wurden Aufmär-

⊡ *Boston Common mit dem Hancock Tower 23 im Hintergrund*

010bo-as

sche trainiert. Erst ab etwa Mitte des 19. Jh. kam es zu einer fortschreitenden Formalisierung als städtischer Park, auch in Form neuer Anlagen. Der letzte große Umbau fand dann 1911 statt. Heute ist der **20 ha große Park** eingefasst von dichter Bebauung und umtost von der modernen Großstadt.

Die Mehrzahl der Besucher wird den Park von den U-Bahn-Stationen im Süden bzw. Osten betreten. Die Station Park Street in unmittelbarer Nähe zur **Park Street Church** 2 und der Touristeninformation des **Boston Common Visitor Center** (s. S. 109) ist zugleich Ausgangspunkt des berühmten **Freedom Trail** (s. S. 12). Im Süden des Parks findet sich der **Central Area Burial Ground** aus der Mitte des 18. Jh., auf dem unter anderem britische Soldaten und Revolutionäre, die im Amerikanischen Unabhängigkeitskrieg fielen, ihre letzte Ruhestätte fanden. Nördlich davon steht der **Parkman Bandstand** von 1912, ein runder Säulenbau, der für Open-Air-Konzerte genutzt wird.

Das **Soldiers and Sailors Monument** im Zentrum des Common, errichtet 1877 als neoklassizistische Siegessäule, erinnert (wie in vielen Städten des US-amerikanischen Nordens) an die im Bürgerkrieg umgekommenen Soldaten des Bundesstaats Massachusetts. Auf der äußersten Westseite des Parks schließlich findet das jährliche **Ancient Fishweir Project** (s. S. 86) statt.

Der westlich direkt an den Boston Common anschließende **Public Garden** war der erste **Botanische Garten** in den USA und wurde seit seiner Eröffnung 1856 kaum verändert. Hier herrscht etwas weniger Trubel, ein kleiner See im Zentrum und alter Baumbestand drumherum laden zum Entspannen und zu einer Pause vom Großstadttrubel ein. Auf dem See können Boote in Schwanenform gemietet werden. An der Nordseite des Gartens befindet sich die berühmte Installation „Make Way for Ducklings" von Nancy Schön (1987), eine auf einem Kinderbuch basierende Bronze auf altem Bostoner Kopfsteinpflaster.

› **Boston Common,** zwischen Beacon St. und Tremont St., vom Public Garden durch die Charles St. getrennt. Anfahrt: U-Bahn (Red Line/Green Line) bis Park St. oder (Green Line) bis Boylston St., Bus (Linie 43) bis Charles St. @ Beacon St. bzw. aus südlicher Richtung (Linien 15, 39, 43, 57 und Silver Line 5) bis Tremont St @ Boylston Station.

› **Public Garden,** zwischen Beacon St. (Norden), Boylston St. (Süden), Arlington St. (Westen) und Charles St. (Osten). Anfahrt: U-Bahn (Green Line) bis Arlington oder Bus (Linie 43) bis Charles St. @ Beacon St.

‹ *Denkmal für George Washington im Public Garden*

2 Park Street Church und Granary Burying Ground ★★ [E3]

Die **Park Street Church** wurde 1809 nach dem Vorbild der von Christopher Wren gebauten Londoner Kirchen errichtet. Sichtbar ist das vor allem im Inneren des Gotteshauses, das beeindruckend nüchtern und mit klassizistischen Elementen wie etwa den berühmten, langen Säulen gestaltet ist. Der 1810 erbaute **Kirchturm** war mit seiner Höhe von 66 m 18 Jahre lang das höchste Gebäude der Vereinigten Staaten und bis 1867 das höchste Bostons – heute ist beides nicht mehr vorstellbar.

Die Park Street Church hat eine lange Geschichte evangelikaler Lehre und Mission, besonders aber auch der Einmischung in soziale Angelegenheiten und Fragen der Menschenrechte. Dazu gehört der mit Nachdruck vorgetragene **Abolitionismus**, die Forderung nach der Abschaffung der Sklaverei, in der Mitte des 19. Jh., besonders prominent in Form der ersten Rede des berühmten Abolitionisten William Lloyd Garrison im Jahr 1829.

In direkter Nachbarschaft der Park Street Church befindet sich der 1660 eröffnete **Granary Burying Ground** mit seinen rund 2500 Grabsteinen und rund 5000 Gräbern. Er ist zwar nicht der älteste, aber einer der interessantesten Friedhöfe Bostons. Zahlreiche Helden der Unabhängigkeitsbewegung sind hier bestattet, von Samuel Adams über John Hancock bis Paul Revere. Darüber hinaus bieten die Grabmale aus Schiefer, Granit und Marmor einen beeindruckenden Querschnitt von Familien und Persönlichkeiten aus 220 Jahren Stadtgeschichte – die letzte Bestattung fand 1880 statt –, darunter Bürgermeister, Gouverneure, Abolitionisten und die Opfer des Boston Massacre (1770, s. S. 95).

012bo-as

Der Turm der Park Street Church war 18 Jahre lang das höchste Gebäude der USA

› **Park Street Church,** 1 Park St., www.parkstreet.org, in der Regel nur So. 8–20 Uhr geöffnet, Anfahrt: U-Bahn (Red Line/Green Line) bis Park St. oder Bus (Linie 43) bis Beacon St. @ Park St.

› **Granary Burying Ground,** www.boston.gov/cemeteries/granary-burying-ground oder www.thefreedomtrail.org/trail-sites/granary-burying-ground, täglich 9–16 Uhr, Eintritt frei, Anfahrt: siehe Park Street Church

3 Boston Athenæum ★ [E3]

Nicht nur für Bibliophile ist das im Jahr 1807 in unmittelbarer Nähe zur Park Street Church gegründete Boston Athenæum, das zugleich **Bibliothek, Kulturzentrum** und **Kunstmuseum** mit Wechselausstellungen ist, einen Besuch wert. Es handelt sich um eine der ältesten Kulturinstitutionen in den USA und ging aus der vom Bostoner Bildungsbürgertum 1805 gegründeten Anthology Society hervor. 1827 wurde eine Kunstgalerie angegliedert und 1851 war das Athenæum eine der größten Bibliotheken der USA. Schon das Gebäude und die Räumlichkeiten allein sind beeindruckend: 1966 wurde das Athenæum zum **National Historic Landmark** erklärt und als solches in seiner herausragenden Bedeutung für die US-amerikanische Geschichte anerkannt.

Die **Sammlungen** des Athenæum umfassen zwar zum Beispiel auch spätmittelalterliche Objekte aus Europa, der Fokus liegt aber auf der **Geschichte Nordamerikas** – und die Zahlen sind beeindruckend: 600.000 Bücher und Drucke umfasst die Sammlung insgesamt und sie wächst jährlich um etwa 3000 Stück. Rund 100.000 Exemplare davon gelten als äußerst selten und wertvoll. Hinzu kommen 100.000 **Kunstobjekte** von Gemälden über Skulpturen bis zu Fotografien. Ein nicht unwesentlicher Teil ist digitalisiert und frei über das Internet zugänglich. Man kann seinen Besuch also schon von zu Hause aus vorplanen.

› 10 ½ Beacon St., www.bostonathenaeum.org, Mo.–Do. 9–20, Fr., Sa. 9–17 Uhr, Eintritt $ 10 (unter 12 Jahren $ 5), Day Pass für das gesamte Gebäude $ 40. Anfahrt siehe Park Street Church 2.

4 Old South Meeting House ★★ [F3]

Die sogenannten Meeting Houses waren in der frühen US-amerikanischen Geschichte oft die ersten öffentlichen Gebäude in entstehenden Siedlungen, die als Versammlungsort genutzt wurden – meist für religiöse, aber auch für weltliche Zwecke. Erst mit der zunehmenden Etablierung moderner staatlicher Strukturen lösten die Town Halls (Rathäuser) diese Versammlungsorte als politische Zentren zunehmend ab.

Das Old South Meeting House in Boston, das während der Revolution eine zentrale Rolle spielte, wurde 1729 errichtet. Anders als die Mehrzahl der Meeting Houses im Land ist Old South ein auch **architektonisch stark sakral geprägter Bau**, der aus einer Abspaltung der First Church of Boston unter protestantischer Selbstverwaltung hervorging. Im revolutionären Kontext spielte das Meeting House zunächst als jährlicher Gedenkort für die Opfer des Boston Massacre (1770, s. S. 95) eine zentrale Rolle, zu dem regelmäßig Tausende Menschen zusammenkamen. 1773 zog eine Gruppe wütender Bürger direkt aus einer Versammlung im Old South, die die britische Steuerpraxis zum Thema hatte, in den Bostoner Hafen und plünderte britische Schiffe. Teilweise als Indianer verkleidet, um ihre Identität als Amerikaner (und eben nicht britische Steuersubjekte) zu symbolisieren, warfen die (je nach Quelle) 30 bis 130 Männer Hunderte von Kisten mit Tee über Bord: Dies war die sogenannte **Boston Tea Party** (s. S. 30).

Der große Stadtbrand von 1872 verschonte das Meeting House zwar, allerdings brannten die Wohnviertel im Umfeld weitgehend ab. Der Wiederaufbau führte zu Umstrukturierungen, die Bevölkerungsdichte in der direkten Umgebung sank stark. Damit blieb auch das Publikum zunehmend aus, das auf neue Sakral- und Versammlungsbauten auswich. 1877 wurde Old South zu einem **Museum,** das es bis heute ist. Zugleich ist es aber auch bis heute **Ort des zivilgesellschaftlichen Dialogs** und der freien Meinungsäußerung. Das Haus beherbergt eine **Dauerausstellung** zu den Wortführern und Ideen in der frühen Phase der Revolution, zu der auch geführte Touren (auf Englisch) angeboten werden.

› 310 Washington St., www.revolutionaryspaces.org, täglich 10–17 Uhr, Eintritt $ 12 (6–12 Jahre $ 8, unter 6 Jahren frei). Ticket gilt zugleich für das Old State House 6. Anfahrt: U-Bahn (Blue/Orange Lines) bis State Street, (Green Line) bis Government Center oder (Red Line) bis Downtown Crossing.

5 Old Corner Bookstore ★ [F3]

Der Old Corner Bookstore von 1718 ist heute insbesondere aufgrund seiner Architektur interessant, ist es doch eines der wenigen überlebenden Beispiele typischer **Kolonialarchitektur mit Mansarddach,** die einst die Straßen Bostons säumte. Es wurde in den 1960er-Jahren gerade noch vor dem Abriss bewahrt und um 1970 gesichert und restauriert.

Ab Mitte des 19. Jh. war der Bookstore zum **literarischen Mittelpunkt Bostons** avanciert. Der Verlag Ticknor & Fields veröffentlichte hier Autorinnen und Autoren wie Louisa May Alcott, Nathaniel Hawthorne, Ralph Waldo Emerson, Henry Wadsworth Longfellow oder Harriet Beecher Stowe. Lange befand sich stilgerecht ein Buchladen in dem Gebäude, der insbesondere Werke der genannten Autorinnen und Autoren sowie Bücher zur Revolutionsgeschichte vertrieb. Heute beherbergt das über 300 Jahre alte Haus ein **mexikanisches Fastfood-Restaurant** und auch wenn man nicht zum Purismus neigt, kann man darüber streiten, ob das eine glückliche Konstellation ist.

› 283 Washington St., Anfahrt: U-Bahn (Orange und Blue Lines) bis State Street

6 Old State House ★★★ [F3]

Unwirklich und zwergenhaft wirkt der ehemalige Sitz der britischen Kolonialbehörden und das später als erstes Kapitol von Massachusetts genutzte Old State House von 1713 heute. Eingezwängt zwischen Hochhäusern aus verschiedenen Epochen und mitten im Trubel der modernen Metropole steht es da wie ein Spielzeughaus. Seine Rolle als Schauplatz zentraler Momente der Geschichte steht diesem Eindruck allerdings entgegen. Eine nationale Historikerkommission hat das Old State House als eines der ältesten und wichtigsten öffentlichen Gebäude in den Vereinigten Staaten aus kolonialer Zeit bezeichnet.

An originaler Stätte kann heute Kolonial- und Revolutionsluft geatmet werden. Das im Old State House untergebrachte Museum bietet hochinteressante Ausstellungen und **Veranstaltungen** – wenn auch mitunter etwas verkitscht, etwa in Form historisierender **Reenactments** (s. S. 22). Ein zentrales Thema ist unter anderem auch das **Boston Massacre** (s. S. 95), das in unmittelbarer Nähe stattfand. Die Dauerausstellung bietet originale Kleidungsstücke, Drucke und andere Artefakte wie etwa originalen Tee von der Boston Tea Party. Nicht nur für Erwachsene, sondern auch für Kinder wird in der stark **interaktiv ausgerichteten Ausstellung** die Kolonial- und Revolutionsgeschichte erzählt, multimediale Angebote ergänzen Schautafeln und Objekte. Wer tiefer eintauchen möchte, dem sei der Besuch in der angeschlossenen Bibliothek bzw. im Archiv empfohlen.

Durch das Old State House werden **geführte Touren** (auf Englisch) zu verschiedenen Themenschwerpunkten angeboten.

› 206 Washington St., www.revolutionaryspaces.org, täglich 10–17 Uhr, Eintritt $ 12 (6–12 Jahre $ 8, unter 6 Jahren frei). Ticket gilt zugleich für das Old South Meeting House 4. Anfahrt: U-Bahn (Blue/Orange Lines) bis State Street oder (Blue/Green Lines) bis Government Center; Bus (Linien 15, 39, 57, 354) bis State St @ Washington Mall.

013bo-as

Umschlossen von der modernen Großstadt: das Old State House

KURZ & KNAPP

Reenactments

Das möglichst **originalgetreue Nachstellen historischer Begebenheiten und Vorkommnisse** ist in den letzten Jahren auch im deutschsprachigen Raum immer populärer geworden, seien es Studierende der Geschichte, die aus wissenschaftlichen Gründen (aber sicher auch mit sehr viel Spaß) in antiker römischer Montur auf einem nach Originalplänen gebauten Römerboot die Donau abfahren, Schwertkämpfe auf Burgfesten oder auch als Reenactments gestaltete historische Dokumentationen im Fernsehen.

Auch in Boston ist diese Art der Präsentation von Geschichte sehr verbreitet: Insbesondere die Stationen des Freedom Trail (s. S. 12), vom Old State House über das Tea Party Museum und weit darüber hinaus, werden den Besuchern durch historisch gekleidete Personen und mit entsprechendem Duktus sowie der „passenden" Gestik und Mimik nähergebracht.

7 Boston City Hall und Plaza ★★★ [F2]

Der spektakuläre Bau der Boston City Hall entzweit die Geister. Angesichts der Tatsache, dass der brutalistische Baustil der 1950er- bis 1970er-Jahre momentan nicht viele Freunde hat, überwiegt zumindest in der breiten Öffentlichkeit die Ablehnung. Lässt man sich jedoch auf den Bau ein, so lassen sich vielleicht auch für Zweifler einige interessante Aspekte und Ideen ausmachen, die hinter dem Konzept des imposanten Gebäudes stecken. Und vielleicht gewinnt es dann in der individuellen Wahrnehmung auch andere Konturen.

Eröffnet wurde die neue City Hall 1969, zur Hochzeit des **Brutalismus.** Verantwortlich zeichneten insbesondere die Architekten **Gerhard Kallmann** und **Michael McKinnell.** Kallmann wurde 1915 in Berlin geboren und emigrierte mit seiner Familie 1937 nach London, wo er Architektur studierte. 1948 zog er weiter in die USA, wo Kallmann zunächst in Chicago und später in New York an der Columbia University lehrte. Zusammen mit dem Studenten Michael McKinnell gewann er 1962 eine Ausschreibung für die neue City Hall in Boston, wobei sie sich gegen eine Vielzahl renommierter Architekten aus aller Welt durchsetzten. Der US-Amerikaner McKinnell hatte übrigens ebenfalls in England Architektur studiert – Zufall oder nicht? Schließlich gibt man sich bis heute in Boston gerne britisch.

Kallmann und McKinnell gründeten nach dem Erfolg bei der Ausschreibung eine Architekturfirma, siedelten nach Boston über und begannen mit den Planungen. Vorbild war unter anderem Le Corbusier. Der **Monumentalbau** aus rohen Betonelementen sollte eine transparente Form der Stadtverwaltung symbolisieren, mit seiner großen, offen gestalteten Lobby ein Ort für die Menschen der Stadt sein und Bürgerstolz transportieren. Auf neun Stockwerken mit knapp 50.000 m² Fläche wurden alle wichtigen Organe der Stadtverwaltung angesiedelt, ausgelegt auf etwa 2800 Besucher täglich.

Die neue City Hall war von Beginn an umstritten: Kerker oder Bunker sagten die einen, andere lobten den modernen, monumentalen Stil und die Funktionalität des Baus. Im Jahr 1976 kürte es eine Architektenvereinigung zu einem der zehn wichtigsten Gebäude in den USA, während es von anderen als „Hall of Shame" gebrandmarkt wurde. Probleme in der alltäglichen Nutzung ergaben sich später aus Veränderungen der Nutzungsansprüche, aber auch aus den steigenden Sicherheitsanforderungen nach 9/11. So nahm beispielsweise die Zahl der Behördengänge mit steigender Internetnutzung drastisch ab, ehemalige Haupteingänge wurden verschlossen und auch die Ansprüche der einzelnen Verwaltungsorgane änderten sich über die Jahrzehnte.

Im Zuge des 50-jährigen Jubiläums 2019 wurde das Rathaus einer grundlegenden **Sanierung** unterzogen: Ehemals verschlossene Eingänge sind nun wieder geöffnet, die Haustechnik wurde runderneuert, Barrierefreiheit hergestellt und die Räumlichkeiten den Ansprüchen einer modernen Stadtverwaltung angepasst. Die Erneuerung umfasste auch die von I. M. Pei mit rotem Backstein – Referenz an das alte Boston – gestaltete, 30.000 m² große

Plaza, die immer eine zentrale Rolle in der Stadtgeschichte gespielt hat. Die moderne Plaza überdeckt unter anderem mehrere ehemalige Straßenzüge und den berühmt-berüchtigten Scollay Square, eine verruchte Gegend, die für Burleske-Shows und Tattooschuppen bekannt war. Sie alle wurden für den Bau der heutigen Boston City Hall und Plaza ab Ende der 1960er-Jahre eingeebnet. Weniger schön ist die Erinnerung an die Rassenunruhen der 1970er-Jahre (s. S. 97), als die noch neue Plaza zu einem Zentrum der Demonstrationen und Auseinandersetzungen avancierte. In den vergangenen Jahren wurde sie teilweise begrünt und ebenfalls komplett barrierefrei gestaltet, ohne allerdings den originalen Gesamteindruck wesentlich zu verändern. Nach wie vor finden hier zahlreiche Veranstaltungen, Ausstellungen und Kundgebungen statt.

Geführte Touren gibt es nicht, aber die City Hall kann zu normalen Öffnungszeiten besucht werden. Nach einem Security Check am Eingang kann man sich frei im Gebäude bewegen. Tipp: Im 9. Obergeschoss befindet sich die **Stadtplanungs- und -entwicklungsabteilung.** Dort steht unter anderem ein Modell Bostons, zahlreiche interessante Pläne etc. an den Wänden erzählen Stadt(planungs)geschichte und durch offene Bürotüren eröffnen sich herrliche Blicke über den Hafen.

› 1 City Hall Square, www.boston.gov/departments/mayors-office/contact-boston-city-hall, Mo.–Fr. 9–17 Uhr, Eintritt frei. Anfahrt: U-Bahn (Blue/Green Lines) bis Government Center, Bus (Linien 15, 39, 57) bis Cambridge St. @ Center Plaza, (Linien 4, 15, 39, 57, 92, 93, 325, 326) bis Congress St. @ North St., weitere Buslinien in der näheren Umgebung.

☐ *Monumentales Beispiel des Brutalismus: die City Hall*

014bo-as

8 The New England Holocaust Memorial ★ [F2]

Neuenglands Holocaust Memorial ist ein beeindruckendes, offen gestaltetes und rund um die Uhr zugängliches Denkmal. Errichtet auf Initiative des Shoa-Überlebenden Szmulek Rozental (später Stephen Ross), der als Kind unvorstellbare Grausamkeiten in den deutschen Vernichtungslagern erleben musste und sechs Geschwister und seine Eltern verlor, wurde es 1995 in einer feierlichen Zeremonie an dieser prominenten Stelle eröffnet: direkt auf dem Freedom Trail. Es ist ein **Ort des Innehaltens**, dem sich die Menschen auf sehr verschiedene Weise annähern (sollen).

Das Memorial besteht überwiegend aus Granit und Glas. **Sechs gläserne Türme** ragen in den Himmel, sie sind von innen beleuchtet, es steigt Rauch auf. Die Anzahl symbolisiert die rund 6 Mio. Toten des Holocaust, aber auch sechs der großen Vernichtungslager, deren Namen in die Sockel eingelassen sind. In die gläsernen Türme sind Nummern eingraviert, die an die Tätowierungen der KZ-Insassen erinnern. Innen finden sich Zitate von Überlebenden. Auf Granitsockeln entlang des Weges, der durch die Türme führt, befinden sich zum einen zentrale Daten und Ereignisse des Holocaust, zum anderen fordert das in großen Buchstaben eingravierte „REMEMBER" dazu auf, die Shoa nie in Vergessenheit geraten zu lassen. Nicht zuletzt findet sich hier auch ein berühmtes Zitat des Pastors Martin Niemöller.

› 98 Union St., www.nehm.org, Tel. 617 457 8755, geführte Touren können über die Website oder telefonisch angefragt werden. Anfahrt: U-Bahn (Green und Blue Lines) bis Government Center.

9 Faneuil Hall Marketplace ★★ [F2]

Zentrum des Faneuil Hall Marketplace, der sich unmittelbar nördlich des Old State House 6 befindet, ist die 1742 errichtete **Faneuil Hall**, ein Anlaufpunkt des Freedom Trail (s. S. 12), mit Einzelhandel und Gastronomie sowie einem Militärmuseum im obersten Geschoss. Sehr viel größer sind die Gebäude **South Market**, **North Market** und **Quincy Market**, die zusammen mit der Faneuil Hall den gleichnamigen Marketplace bilden. Dabei handelt es sich um ein **riesiges Marktareal** mit Einzelhandel und Gastronomie, von internationalen Ketten bis zu lokalen Boutiquen, von gehobenen Restaurants bis zu kleinen Essensständen. Vor allem im Sommer besiedeln Akrobaten, Straßenmusiker und Performance-Künstler die Kopfsteinpflasterstraßen zwischen den Gebäuden. Das Areal wird auch für Tischtennis, zum Kartenspiel und für Schach genutzt.

Der Name Faneuil Hall geht auf den steinreichen Kaufmann **Peter Faneuil** zurück, Sohn hugenottischer Einwanderer und prominente Figur im atlantischen Dreieckshandel, der sein Vermögen unter anderem mit Sklaven machte. 1742 spendete er der Stadt Boston die Faneuil Hall, die von Beginn an als Marktplatz und Versammlungsort diente. Bei seiner Erbauung stand das Gebäude am Dock direkt am Wasser, erst im 19. Jh. wanderte der Hafenrand durch Aufschüttungen an seine heutige Stelle, außerdem wurde die Faneuil Hall 1806 aufgestockt und erweitert. Ihren Spitznamen **„Wiege der Freiheit"** („Cradle of Liberty") erhielt das rote Backsteingebäude unter anderem durch die berühmte revolutionäre Losung „No

015bo-as

KURZ & KNAPP

Abolitionismus

Der Begriff Abolitionismus beschreibt die weltweiten **Bewegungen zur Abschaffung der Sklaverei** seit dem 18. Jahrhundert. Innerhalb der USA nahmen dabei Neuengland und insbesondere Boston als Vorreiter der Bewegung eine herausragende Stellung ein. Boston war dabei nicht nur Ort entscheidender Debatten, Reden und Publikationen, sondern auch wichtiger Zufluchtsort auf der **Underground Railroad,** einem weit verzweigten System aus Wegen und Verstecken für flüchtige Sklavinnen und Sklaven aus dem Süden. Neben dem Faneuil Hall Marketplace (9) sind heute in Boston diesbezüglich insbesondere die Stationen des **Black Heritage Trail** (s. S. 40) interessant, allen voran das Museum of African American History (20).

Taxation Without Representation“ (sinngemäß: Keine Steuern ohne politische Teilhabe), die hier ihren Ursprung haben soll. Zahlreiche prominente Rednerinnen und Redner trugen über die Jahrhunderte zur herausragenden Bedeutung des Ortes bei, von Vertretern des Abolitionismus (s. oben) oder der Gewerkschaften bis zu Frauenrechtlerinnen.

Der nach einem Bürgermeister benannte **Quincy Market** war die erste Erweiterung, die 1826 im klassizistischen Stil (Greek Revival) errichtet wurde. Später kamen dann noch die länglichen Granitgebäude North und South Market hinzu. Nachdem die Gebäude Anfang der 1970er-Jahre stark vernachlässigt und von Leerstand geprägt waren, initiierte die Stadt Boston ein ambitioniertes und insgesamt letztendlich erfolgreiches Stadterneuerungsprojekt, das auch die weitere Umgebung des Faneuil Marketplace miteinbezog. Heute beherbergt der Gebäudekomplex neben Geschäften auch Büros und Galerien. Im Quincy Market befinden sich zahlreiche Essenstände. Sehr touristisch und nicht gerade günstig, lassen sich hier dennoch zahlreiche Leckereien finden.

› Beiderseits der S Market St. zwischen North St. und State St., https://faneuilhallmarketplace.com, Mo.–Sa. 10–21 Uhr (Winter Mo.–Do. 10–19 Uhr), So. 11–19 Uhr (Winter 11–18 Uhr); im Sommer samstags kostenlose Führungen zur Geschichte und Architektur der Markthallen. Anfahrt: U-Bahn (Blue/Green Lines) bis Government Center oder (Blue Line) bis Aquarium; Bus (Linien 4, 15, 39, 57, 92 und 93) bis Congress St. @ State St. bzw. (Linien 4, 15, 39, 57, 92, 93, 325, 326) bis Congress St. @ North St.

Die zentrale Kuppel des Quincy Market

⑩ Rose Fitzgerald Kennedy Greenway ★ [G3]

Spricht man in Boston von den zahlreichen Stadterneuerungsprojekten in der zweiten Hälfte des 20. Jh., gibt es in der allgemeinen Wahrnehmung drei Kategorien: geglückt, missglückt, umstritten. Zur ersten Kategorie ist die **Central Artery** zu rechnen. Bei dem von Einheimischen sogenannten **„Big Dig"** handelte es sich um ein gigantisches Unterfangen, das zahlreiche Tunnel und Brückenbauten umfasste. Dabei wurde auch die unselige Stadtautobahn unter die Erde verlegt, die die Stadt seit den 1950er-Jahren zerschnitten hatte. Die freiwerdenden Verkehrsflächen wurden – neben einigen Bauflächen – in einen länglich verlaufenden **Park** verwandelt: den 2008 eröffneten, gut zwei Kilometer langen **Rose Fitzgerald Kennedy Greenway.** Das Ergebnis ist so beliebt, dass von der enormen Kostenexplosion während der Bauarbeiten – die ursprüngliche Schätzung lag bei 2,5 Mrd. Dollar, die letztendlichen Kosten bei ca. 14 Mrd. Dollar – und den zahlreichen Mängeln und Betrügereien durch beteiligte Baufirmen, die in endlosen Gerichtsprozessen mündeten, heute kaum mehr die Rede ist.

Im engeren Sinne handelt es sich eigentlich um eine Ansammlung von verschiedenen Parks, die durch ein grünes Band miteinander verbunden sind. Am südlichen Ende befindet sich der ostasiatisch inspirierte **Chinatown Park,** nördlich davon schließt sich daran der vor allem für Picknick und Lunch genutzte **Dewey Square Park** an (hohe Foodtruck-Dichte!). Der sehr ansprechende **Fort Point Channel Park** wartet mit typischer Vegetation Neuenglands auf und die **Wharf District Parks** bestehen wiederum eher aus weiten Flächen zwischen dem Faneuil Marketplace und der Waterfront, die für Märkte und Veranstaltungen genutzt werden.

Anspruchsvoller und sehr sehenswert ist der **Armenian Heritage Park,** der dem Völkermord an den Armeniern (1915–1923) und der Migrationserfahrung von Millionen von Menschen gewidmet ist, die über die Jahrhunderte in Nordamerika Zuflucht und neue Hoffnung gefunden haben. Eine namenlose Skulptur, gespendet von der Armenian-American Community of Massachusetts, soll durch eine jährlich stattfindende Rekonfiguration Flucht und Migration symbolisieren: Die schwarze, sechsseitige Doppelpyramide auf einem mit Wasser gefüllten Becken, wird jedes Jahr im März in ihrer Position und Form verändert.

Das **nördliche Ende des Greenway** bildet ein zwischen North End und Haymarket gelegener Park mit größeren Flächen zum Picknicken und Sonnenbaden. Er ist Teil des Freedom Trail. Bei Kindern im Sommer beliebt ist ein flaches, längliches Wasserbecken.

Pläne und aktuelle Hinweise, etwa zu Veranstaltungen, öffentlicher Kunst oder Foodtrucks, finden sich auf den unten angegebenen Websites. Insgesamt stößt man bei der Erkundung der Innenstadt immer wieder auf Teile des Greenway – eine sehr angenehme Möglichkeit, sich auszuruhen, zu essen oder Menschen zu beobachten.

› Von Chinatown bzw. der South Station im Süden bis zum North End, www.rosekennedygreenway.org, www.armenianheritagepark.org. Anfahrt: Im Süden mit der U-Bahn (Orange/Green Lines) bis South Station, etwa in der Mitte (Blue Line) bis Aquarium oder am nördlichen Ende (Orange/Green Lines) bis Haymarket.

11 New England Aquarium ★★★ [G3]

Das 1969 eröffnete New England Aquarium ist sicher ein Höhepunkt eines Boston-Besuchs, insbesondere (aber sicher nicht nur) für Familien und Kinder. Im Laufe der Jahrzehnte wurde es mehrmals erweitert und erneuert, besonders spektakulär ist aber immer noch der Wasserzylinder mit einem Fassungsvermögen von 760.000 Litern, der von einer spiralförmigen Treppe eingeschlossen ist, auf der Besucher nach oben wandern können. Insgesamt sind etwa 20.000 Vertreter aus ca. 600 Spezies im Aquarium zu bestaunen, zu dem neben mehreren Ebenen im Inneren auch Außenbereiche gehören.

Wenn man früh morgens das Hauptgebäude betritt, wird man von tosendem Gekreische empfangen: Die **Pinguine** im Erdgeschoss, diverse Arten von verschiedenen Kontinenten, bekommen ihr Frühstück. Sie gehören zu den beliebtesten Bewohnern und sind mit Sicherheit die lautesten. Ebenfalls im Erdgeschoss findet sich ein großes, seichtes Becken, in dem verschiedene **Rochen** gestreichelt werden dürfen. Im anschließenden Außenbereich wohnen **Seelöwen** aus dem Atlantik und dem Pazifik, die man übrigens auch bestaunen kann, ohne Eintritt für das Gebäude zu bezahlen.

Die einzelnen Ebenen, die sich um den riesigen **zentralen Zylinder** mit Haien, Korallenriffen und unzähligen anderen Tier- und Pflanzenarten anordnen, sind nach diversen **Habitaten und Klimazonen** thematisch gegliedert: Süß- und Salzwasser, Tropen und gemäßigte Zonen bis zum Polarmeer. Ein Bereich beschäftigt sich auch mit der maritimen Fauna und Flora Neuenglands (inkl. einem Gezeitenpool). Intensiv und anschaulich wird auch über die **globale Erwärmung** und die Folgen für die Weltmeere bzw. das Klima informiert.

Eingangsbereich des New England Aquarium

017bo-as

Boston Harborwalk

Was rund um die Welt geschehen ist, hat auch vor Boston nicht haltgemacht: **die Öffnung** der Stadt und des städtischen Lebens **hin zum Wasser.** Als traditionsreiche Hafenstadt ist Boston natürlich dafür geschaffen und vielerorts handelte es sich bei der Öffnung zum Wasser eigentlich um die Wiederherstellung eines früheren Zustands. Der Boston Harborwalk nimmt insofern eine Sonderrolle ein, als dass er bereits 1984 und damit besonders früh initiiert und dann laufend erweitert wurde. Heute ist er ein insgesamt **etwa 60 Kilometer langes Band,** das die alten und neuen Perlen entlang des Wassers in und um Boston auf eine schöne Weise miteinander verbindet. Für Besucher besonders interessant sind die Abschnitte entlang des North End, in Downtown und dann hinüber über den Fort Point Channel und entlang des Hafenrands von Seaport.

Der Harborwalk kann entweder in kleinen Stücken abgegangen oder in größeren Stücken mit dem Fahrrad erkundet werden. Unterwegs trifft man auf eine große Anzahl an **Sehenswürdigkeiten** und man kann das maritime Flair der Stadt mit ihrem reichhaltigen Angebot an Kultur und Kulinarischem wunderbar erleben. Dem Weg ist einfach zu folgen, er ist gut beschildert und führt immer am Wasser entlang.

Der Beginn des **Spaziergangs** kann etwa im North End (s. S. 34) erfolgen, man kann aber auch nach dem Besuch des **Aquariums** 11 in Richtung Süden losgehen. Immer das Blau des Atlantiks und die vielen Schiffe und Boote im weitläufigen Hafen im Blick, geht es auf dem **rot gepflasterten Weg** an Docks und Jachthäfen entlang, vorbei an Hotels und Apartments mit Meerblick und Pools. Etwa 10 Min. nach dem Aquarium passiert man das mondäne Boston Harbor Hotel mit seinen Cafés und seiner schwimmenden Bühne.

Kurz darauf verengt sich das Hafenbecken zum Fort Point Channel, der die Innenstadt vom schicken **Seaport District** trennt. Hier passiert man eine riesige, rostige Drehbrücke aus Stahl, die hier zwischen den glitzernden Neubauten wie aus der Zeit gefallen steht. Nach wenigen Hundert Metern weiter am Wasser entlang geht es schließlich über die Congress Street Bridge, auf der man dem **Boston Tea Party Museum** 12 einen Besuch abstatten kann, hinüber nach Seaport. Dort passiert der Harborwalk zunächst das **Children's Museum** (s. S. 60), dann geht es durch mehrere kleine Uferparks und entlang **schicker neuer Wohnbauten** zum äußerst sehenswerten **Institute of Contemporary Art** 13, dessen markanter Bau hier als einer der ersten aus den Brachen gewachsen ist. An einem gegenüberliegenden Pier legen oft große Segler und Segelschulschiffe an. Von der Anlegestelle neben dem Museum (Fan Pier) kann man das Wassertaxi (s. S. 127) zurück in die Innenstadt nehmen oder den Harborwalk etwa 20 Min. weitergehen, bis man am Boston Fish Pier ankommt. In der direkten Umgebung befinden sich zahlreiche Restaurants und Cafés, unter anderem die Harpoon Brewery Beer Hall (s. S. 72) und das traditionsreiche Yankee Lobster (s. S. 68).

› Eine **interaktive Karte** findet sich unter www.bostonharborwalk.org. **Weitere Informationen** gibt es unter www.bostonplans.org/planning/planning-initiatives/harborwalk.

Prominenteste Bewohnerin ist übrigens **Myrtle the Turtle**, eine etwa 90 Jahre alte Meeresschildkröte, die seit 1970 im Aquarium lebt.

Der Aquariumskomplex umfasst neben einem Shop und Café auch ein **IMAX-Kino** der Superlative, in dem auf der größten Leinwand Neuenglands und mit 12.000-Watt-Beschallung themengerechte Filme gezeigt werden. Eine besondere Attraktion ist auch das **Whale Watching** mit Erfolgsgarantie: Von der Central Wharf unweit des Gebäudes legen die Katamarane der Boston City Cruises (s. S. 120) zwischen Mai und November zum **Stellwagen Bank Marine Sanctuary** ab, in der Früh- und Spätsaison ein- bis zweimal täglich, im Sommer bis zu achtmal täglich (Abfahrtszeiten auf der Website oder im Aquarium). Außer Walen warten auch Delfine und eine reiche Vogelwelt auf die Besucher.

› 1 Central Wharf, www.neaq.org, Mo.–Fr. 9–17 (Juli, Aug. bis 18), Sa., So. 9–18 Uhr, Eintritt Aquarium $ 34 (unter 12 Jahren $ 25), Whale Watching ab $ 65 (unter 12 Jahren $ 45). Vergünstigte Kombitickets erhältlich. Besonders im Sommer möglichst frühe Vorab-Buchung über die Website dringend empfohlen. Anfahrt: U-Bahn (Blue Line) bis Aquarium.

Boston Tea Party

Die berühmte Boston Tea Party war zuallererst ein Protest gegen Steuern und damit verbunden aber auch um politische Mitspracherechte. Der Streit entzündete sich um den sogenannten Tea Act des Jahres 1773, und auch bei den nordamerikanischen Kolonisten hörte beim Geld der Spaß auf: „No taxation without representation" („Keine Besteuerung ohne [gewählte politische] Vertretung") ertönte als Leitspruch gegen das britische Vorgehen – ein Satz, der während der gesamten Revolution in den Folgejahren widerhallte. Gemeint war damit im Prinzip, dass man keine Steuern zahlen wollte, ohne eigene Vertreter in das britische Parlament entsenden zu dürfen.

Die als Boston Tea Party in die Geschichte eingegangenen Ereignisse fanden am 16. Dezember 1773 statt, als Kolonisten ein im Hafen liegendes Schiff der Ostindien-Kompanie enterten und aus Protest den geladenen Tee über Bord warfen. Ein Teil der Protestierenden war als nordamerikanische Indianer verkleidet, warum ist heute nicht mehr so wirklich klar, wahrscheinlich aber als ein Akt der Selbst-Stigmatisierung und symbolischer Ausdruck der Unterdrückung Nordamerikas durch die britischen Kolonialherren. Es ist kaum notwendig zu erwähnen, dass die Kolonisten an der Unterdrückung und Vernichtung der indigenen Bevölkerung Nordamerikas ganz entscheidend selbst beteiligt waren. Es war also eine nicht nur aus heutiger Sicht höchst fragwürdige Aktion.

Welche Protagonisten der Revolution an den Ereignissen beteiligt waren, ist ebenso unklar. Sicher ist jedoch, dass etwa Samuel Adams das Geschehene dankbar aufgriff und für seine Absichten und anti-koloniale Argumentation nutzte. Die britischen Behörden in Person des Gouverneurs wiederum reagierten höchst repressiv und fachten den Funken der Revolution damit selbst entscheidend an. Ihr ungeschicktes Vorgehen führte letztendlich zu einer Solidarisierung der Kolonisten gegen die britische Kolonialmacht, und das weit über Boston und Massachusetts hinaus.

018bo-as

⓬ Boston Tea Party Ships and Museum ★★ [G4]

Die berühmte Boston Tea Party von 1773, ein Auslöser der Revolution, wird in dem Museum an der Congress Street wieder lebendig. Zwei **Nachbauten von Handelsschiffen** der britischen East India Company im 18. Jahrhundert und ein in die Mitte des Fort Point Channel gebautes **Hafengebäude mit kleinem Pier**, mit viel Liebe zum Detail gestaltet, bilden den Kern des Museums. Bestaunt werden können originaler Tee, der von den Schiffen gerettet wurde, und zahlreiche weitere Ausstellungsstücke. Ein bombastisch aufgemachter Film und zahlreiche Reenactments von Schauspielerinnen und Schauspielern in historischen Kostümen sollen die damaligen Ereignisse zum Leben erwecken. Natürlich gibt es auch einen **Museumsshop** und **Abigail's Tea Room**, in dem man unter anderem die fünf Teesorten genießen kann, die 1773 über Bord geworfen wurden.

Das Museum wird von der Congress Street Bridge aus betreten, von der sich ein beeindruckender Blick entlang des tiefen, breiten Hafenbeckens Fort Point Channel und über die Skyline ergibt. Für Kinder interessant: Direkt auf der östlichen Seite der Brücke befindet sich das **Boston Children's Museum** (s. S. 60), sodass der Besuch beider Orte gut miteinander zu kombinieren ist.

› 306 Congress Street, www.bostonteapartyship.com, täglich 10–17 Uhr (im Winter bis 16 Uhr), geführte Touren starten stündlich und dauern auch etwa eine Stunde, Eintritt $ 34, bis 12 Jahre $ 25. Vorabreservierung auf der Website vor allem im Sommer empfohlen. Anfahrt: U-Bahn (Red Line) bis South Station.

⌃ *Nachbauten von historischen Handelsschiffen vor dem Tea Party Museum*

⑬ Institute of Contemporary Art ★★★ [H4]

Das beeindruckende Gebäude am Hafenrand bietet gut 6000 m² Platz für zeitgenössische Bildende und Darstellende Kunst. Gegründet wurde das Institut bereits 1936, seither ist es innerhalb Bostons über ein Dutzend Mal umgezogen und hat auch seinen Namen mehrmals geändert. Das aktuelle Haus am Hafenrand wurde im Jahr 2006 eröffnet.

Über die Jahrzehnte hat das Institute of Contemporary Art (ICA) eine enorme Bandbreite an Ausstellungen und Performances gezeigt, mit **vielen ikonischen Namen des 20. Jh.** Dazu gehörten in seiner Frühzeit im Jahr 1939 etwa die „Entartete Kunst" („Degenerate Art") aus Nazi-Deutschland mit Werken von Paul Klee, Max Beckmann, Emil Nolde u. a. Ein Jahr später fand eine umfangreiche Picasso-Ausstellung statt. In den späten 1940er- bis 1950er-Jahren kamen etwa Le Corbusier, Edvard Munch, Wassily Kandinsky, Frida Kahlo und Nan Goldin hinzu. In den 1960er-Jahren war das Museum einer der Orte, an denen Andy Warhol zusammen mit Velvet Underground und Nico Performances zeigte. Alles Namen, die heute im Kunstkanon fest verankert sind und längst in „klassischen" Kunsttempeln gezeigt werden.

020bo-as

Der **Ausstellungsfokus** des ICA liegt überwiegend auf regionaler Kunst mit breitem Themenspektrum von Malerei über Fotografie, Druck, Bildhauerei, Video- und Toninstallationen bis hin zu Performance und Tanz. Außerdem finden regelmäßig Konzerte und Vinyl Nights statt, im Sommer vor dem Gebäude unter freiem Himmel.

Die Darstellende Kunst hat im ICA seit den 1960er-Jahren zunehmend Raum gefunden, insbesondere aber seit dem Bezug des **aktuellen Museumsbaus.** Entworfen wurde er von dem interdisziplinären Designstudio **Diller, Scofidio & Renfro,** die für ihre Verschmelzung von Architektur mit Darstellender und Bildender Kunst international viel Aufmerksamkeit erlangt haben. Das Büro hat u. a. auch mehrere Campusbauten an einigen der namhaftesten Universitäten des Landes entworfen. Das ICA in Boston war der erste in den USA verwirklichte Bau des Designstudios.

Zentraler Aspekt ist die Spiegelung des Hafens im Gebäude, etwa dadurch, dass sein Profil einem **Hafenkran** ähnelt, und das generell sehr offen angelegte Konzept mit einer **breiten Freitreppe zum Wasser** hin. Dominante Materialien an der Fassade sind Beton, Glas und Metall, innen fällt ebenfalls sogleich die Offenheit der hohen Räume (ohne Säulen) ins Auge, die durch bewegliche Wände flexibel gestaltbar sind. Die großflächige Verglasung in Richtung Wasser erlaubt einen fantastischen Blick über den Hafen, insbesondere auch aus dem 325 Sitze umfassenden Zuschauerraum mit Bühne.

› 25 Harbor Shore Dr., Tel. 617 478 3100, www.icaboston.org, Di., Mi., Sa., So. 10–17, Do., Fr. 10–21 Uhr, Eintritt $ 20,

019bo-as

⌃ *Klassische Architektur: das Chinatown Gate*

bis 18 Jahre frei, Do. ab 17 Uhr generell freier Eintritt (es muss trotzdem reserviert werden, da limitiert). Anfahrt: Bus (Silver Line) bis Courthouse Station; von der South Station (U-Bahn) gut 15 Min. Fußweg. Es bietet sich auch die Anfahrt mit dem Wassertaxi (s. S. 127) an.

14 Chinatown ★★ [E4]

Die einzige verbliebene Chinatown Neuenglands gehört zu den interessantesten Nordamerikas. Dabei siedelten chinesische Migranten hier erst relativ spät. Ursprünglich war die Gegend von englischen Siedlern bewohnt, später folgten irische und italienische Einwanderer, dann Menschen aus dem Libanon und dem Nahen Osten. Die ersten **chinesischen Migranten** kamen in den 1870er-Jahren von der US-amerikanischen Westküste, um sich in der Textilindustrie zu verdingen, die Bevölkerung blieb aber zunächst ethnisch gemischt. Später befand sich hier die sogenannte **Combat Zone**, ein noch in den 1970er-Jahren berühmt-berüchtigter Rotlichtbezirk, doch auch der ist mittlerweile längst wieder verschwunden. Im südwestlichen Teil der Chinatown erinnert in diesem Zusammenhang die kurze Straße Cocoanut Grove Lane an eines der schlimmsten Unglücke der US-Geschichte: Im November 1942 brannte hier ein Nachtclub namens Cocoanut Grove ab, nahezu 500 Menschen kamen dabei ums Leben.

Heute ist Chinatown ein **quirliges, dicht besiedeltes Viertel** und **kulturelles Zentrum** von Neuenglands asiatischer Bevölkerung. Rund 70 % der Bevölkerung sind ost- und südostasiatischer Abstammung. Neben dem äußerst vielfältigen **kulinarischen Angebot** gibt es in der Beach Street das obligatorische **Chinatown Gate.** Zahlreiche **Geschäfte** laden zum Shoppen ein und das ganze Jahr über finden **Festivals** und **kulturelle Veranstaltungen** statt. Um das Gate, dessen Pflege übrigens von Spendern aus Taiwan finanziert wird (wie eingelassene Plaketten verraten), wird mit großer Begeisterung und Anteilnahme den ganzen Tag und bis in die Nacht gespielt, überwiegend Go und Mah Jongg.

› Das Zentrum Chinatowns befindet sich um die Beach Street, www.chinatownmainstreet.org. Anfahrt: U-Bahn (Orange Line) bis Chinatown oder (Green Lines) bis Boylston Street.

⊲ *Am Institute of Contemporary Art*

⑮ Wang Theatre ★ [D5]

Das im Jahr 1925 eröffnete Wang Theatre in seiner **Art-déco-Pracht** ist bis heute **eine der größten Bühnen** der Vereinigten Staaten. Von den beiden berühmten Theaterarchitekten Clarence Blackall (Boston) und C. Howard Crane (Detroit) als Metropolitan Theater erbaut, hat der Bau die Jahrzehnte nahezu unbeschadet überstanden.

Schon beim Betreten der vier Stockwerke hohen Hauptlobby ist man von dem monumentalen Prunk mit Bronze, Marmor, Spiegeln, Wand- und Deckenmalereien schlicht überwältigt, Bühne und Saal stehen dem in nichts nach.

In den knapp 100 Jahren seines Bestehens hat das heute zu einem **nationalen Denkmal** erhobene Theater mit seinen über 3600 Plätzen viele Stars aus diversen Genres gesehen, unter ihnen große Namen wie Ella Fitzgerald, Queen, Elton John, Liza Minnelli oder Lady Gaga, aber auch die Stuttgarter Staatsoper, die Metropolitan Opera oder das Bolschoi-Ballett.

Eine **Tour** durch das Gebäude sollte man nicht auslassen, insbesondere dann nicht, wenn man ein Faible für Art-déco-Architektur hat. Besonders empfehlenswert ist das Zusammenspiel aus Architektur und Musik – falls man denn das Glück haben sollte, zum richtigen Zeitpunkt in Boston zu sein und ein Ticket zu ergattern.

› 270 Tremont St., Tel. 800 982 2787, www.bochcenter.org. Eintritt außerhalb von Konzerten: geführte Touren $ 25 (Kinder $ 17), rund 1½ Stunden, buchbar über die Website. Anfahrt: U-Bahn (Orange Line) bis Chinatown oder (Green Lines) bis Boylston Street.

North End und Charlestown

Charlestown jenseits des Charles River ist die älteste Neighborhood Bostons. Ab 1628 geplant und besiedelt, war es die erste Hauptstadt der Massachusetts Bay Colony und wurde erst 1874 nach Boston eingemeindet. Heute ist Charlestown überwiegend ein Wohngebiet mit großer ethnischer und sozialer Vielfalt und – für Besucher besonders interessant – Ort einiger Originalschauplätze der Revolutionsära.

North End gehört ebenfalls zu den ältesten Vierteln der Stadt und ist heute so etwas wie Bostons Little Italy. Auch hier ist allerdings nur der Wandel konstant: In der Revolutionszeit war es geprägt von wohlhabenden Familien insbesondere englischer Abstammung. Nur wenige Jahrzehnte später hatte sich North End bereits vollkommen gewandelt: Aus der ehemals vornehmen Gegend war ein Hafenviertel geworden. Ab den 1840er-Jahren fand ein massiver Zuzug irischer Einwanderer statt, später kamen viele osteuropäische Juden und erst ab etwa 1890 dann Süditaliener. Um 1900 war die ethnische Zusammensetzung mit jeweils einem Drittel irischer, jüdischer und italienischer Bewohner noch gemischt, in den 1920er-Jahren war North End dann fast zu 100 % in italienischer Hand. Heute ist die Bevölkerung wieder gemischter, nach wie vor aber säumen vor allem italienische Restaurants und Geschäfte die Straßen.

Für Besucher sind die beiden Viertel zum **Ausgehen** und **Flanieren** sowie aufgrund der zahlreichen Zeitzeugen der Revolution interessant.

16 Paul Revere House ★★ [F2]

Das 1680 erbaute und nach **Paul Revere** (1734–1818) benannte Haus im North End ist das **älteste Haus in der Innenstadt** Bostons. Und es ist inklusive einiger Nebengebäude aufgrund der Rolle Reveres während der Revolution ein zentraler Punkt des Freedom Trail. Wobei: Zur berühmten Figur der US-amerikanischen Unabhängigkeit wurde Revere erst Jahrzehnte nach seinem Tod durch ein Gedicht des Lyrikers **Henry Wadsworth Longfellow**, das 1861 in einer Wochenzeitschrift erschien und Revere zum Volkshelden machte – obwohl oder trotzdem es Longfellow mit den tatsächlichen Begebenheiten nicht so genau nahm. Das Gedicht hatte Reveres Ritt von Boston nach Concord in der Nacht vom 18. auf den 19. April 1775 zum Thema, und dieses Ereignis ist es auch, das die überwiegende Mehrheit der US-Amerikaner nach wie vor mit seinem Namen verbindet.

Revere war zum Zeitpunkt der Revolution ein mäßig erfolgreicher **Silberschmied**. In den 1770er-Jahren wurde er **politisch aktiv**, wie viele seiner berühmten Mitstreiter insbesondere aus wirtschaftlichen Gründen: Sein Geschäft litt unter den Zöllen und Steuern, die die Briten ihren Kolonien auferlegten. Politische Verbindungen stellte er nicht zuletzt über seine Mitgliedschaft bei den Freimaurern her. Berühmt wurde er dann durch besagten **nächtlichen Ritt im Frühjahr 1775**, als er unter anderem John Hancock und Samuel Adams vor den anrückenden britischen Truppen warnte.

Die Kriegsjahre verliefen eher unglücklich für Revere: Nachdem er bei einer missglückten Operation der Revolutionäre beteiligt gewesen war, wurden verschiedene Anschuldigungen gegen ihn erhoben – so hatte er etwa den direkten Befehl eines Vorgesetzten missachtet, weil er ihn für falsch hielt –, von denen er erst viele Jahre später durch ein Militärgericht freigesprochen wurde. In den 1780er-Jahren wurde er **wohlhabender Industrieller** und war auch weiterhin in der Politik aktiv. Jahrzehntelang blieb er für eine breitere Öffentlichkeit allerdings eine eher obskure Gestalt – bis zur Veröffentlichung von Longfellows Gedicht, das ihm einen Platz unter den Helden der Revolution sicherte.

Das Paul Revere House war von 1770 bis 1800 in Reveres Besitz. Das 1908 eröffnete **Museum** wurde teilweise wieder in den Zustand dieser Jahre zurückversetzt: Nach Reveres Zeit hatte das Gebäude vielfach die Besitzer und die Funktionen gewech-

021bo-as

Eines der ältesten Gebäude der Stadt: das Paul Revere House

selt. Die Grundstruktur ist größtenteils original, so wie auch einige Fenster und Türen und sogar einzelne Möbelstücke, die nach der Eröffnung als Museum von Reveres Nachkommen zur Verfügung gestellt wurden. Zwei weitere Gebäude in unmittelbarer Nachbarschaft des Paul Revere House, darunter mit dem **Hichborn House** von 1711 eines der ältesten gemauerten Gebäude Bostons, sind ebenfalls für die Öffentlichkeit zugänglich.

› **Paul Revere House,** 19 North Sq., www.paulreverehouse.org, Tel. 617 523 2338, Mai–Okt. täglich 10–17.15, Nov., Dez., April tgl. 10–16.15, Jan.–März Di.–So. 10–16.15 Uhr; für geführte Touren und spezielle Events Website beachten; Eintritt Erw. $ 6, bis 17 Jahre $ 1. Anfahrt: U-Bahn (Orange Line) bis Haymarket; Bus (Linien 4, 92, 93) bis Surface Rd. opp Public Market.

› **Hichborn House,** 29 North Sq., www.paulreverehouse.org, Tel. 617 523 2338, Öffnungszeiten auf der Website, Eintritt Erw. $ 5, bis 17 Jahre $ 1

17 Old North Church ★ [F1]

Die 1723 errichtete Old North Church ist die älteste Kirche Bostons und **der Ort, an dem der Unabhängigkeitskrieg letztendlich begann.** Von ihrem Kirchturm aus wurden auf **Paul Reveres** Betreiben die Revolutionäre am Abend des 18. April 1775 vor den aufbrechenden britischen Truppen gewarnt, die sich auf den Weg nach Lexington machten, um die Waffenlager der Kolonisten auszuheben und deren Anführer festzunehmen.

Zwei Helfer ließen hoch oben Lampen in Richtung Charlestown auf der anderen Flussseite aufscheinen, von wo aus unmittelbar ein Botschafter ausschwärmte, um die Revolutionäre in Lexington zu warnen – allerdings erfolglos, er kam dort nie an. Bekanntermaßen war es Revere, der zunächst die Anführer in Concord warnte, von wo aus sich die Nachricht wie ein Lauffeuer verbreitete. Als die Briten am nächsten Morgen in **Lexing-**

The Great Molasses Flood

Unweit der Old North Church 17 kam es 1919 zu einer tödlichen Katastrophe, die als Great Molasses Flood („Die Große Sirup-Flut") in die Geschichte eingegangen ist. Eines Januarmorgens zerbarst der Melasse-Tank einer Destillerie mit knapp 11.000 Tonnen Inhalt und die zähe, süße Brühe ergoss sich mit einer Geschwindigkeit von angeblich über 50 km/h über große Teile des North End. Es gab enorme Zerstörungen und 21 Menschen kamen zu Tode, 150 wurden verletzt. Das lokal als „Boston Molassacre" bekannte Ereignis (in Anlehnung an das berühmte Boston Massacre) forderte tagelange Rettungsaktionen, da man durch den knietiefen Sirup kaum vorwärtskam. Die Aufräumungsarbeiten dauerten Monate. Die Melasse wurde mit Sand und Salzwasser von den Straßen entfernt und der Hafen war noch im Sommer voll mit einer braunen, übelriechenden Brühe. Nicht zuletzt hatte sich der Sirup über die gesamte Innenstadt verteilt, von den Straßen bis in die U-Bahn. Noch Jahre später behaupteten Bewohner des North Ends, es rieche an warmen Tagen nach Sirup.

Heute ist davon natürlich nichts mehr zu bemerken. Nur eine kleine Plakette am Harborwalk (s. S. 29) unterhalb der Copp's Hill Terrace erinnert noch daran.

ton ankamen, fanden sie kein schlafendes Dorf vor, sondern eine bis auf die Zähne bewaffnete Revolutionsarmee. Hier fielen die ersten Schüsse des Unabhängigkeitskriegs.

Heute wird in der Kirche und in den sie umgebenden Gebäuden und Gärten dieser historischen Begebenheiten auf sehr unterschiedliche Weise gedacht. **Geführte Touren** durch das Gotteshaus geben Einblick in den Glockenturm ebenso wie in die Krypta, in der diverse Revolutionshelden beerdigt sind. In der Kirche selbst kann man sich dem alltäglichen Leben einiger Persönlichkeiten Bostons während der Kolonialzeit annähern: Viele der alten Kirchenbänke sind über alte Messingschilder mit Nummern Personen zugeordnet, deren Vita man online (https://oldnorth.com/this-old-pew) nachschlagen kann.

Rund um den Kirchenbau gibt es verschiedene **Themengärten**, die zum Verweilen und Innehalten einladen. Schließlich findet sich im angrenzenden **Clough House** eine Galerie mit wechselnden Ausstellungen und mit **Captain Jackson's Historic Chocolate** ein Schokoladenladen, in dem Leckereien nach Rezepten und nach den Herstellungsverfahren der Kolonialzeit gezaubert und angeboten werden. Bei der Herstellung kann man zusehen.

› 193 Salem St., www.oldnorth.com (Website mit vielen Informationen zu den einzelnen Sehenswürdigkeiten, auch umfangreichere Texte zur Vorbereitung auf den Besuch), täglich 10–17 Uhr (Nov.–März 10–16 Uhr; sonntags 11.30–17 Uhr); geführte Touren etwa halbstündlich; Eintritt $ 5, geführte Touren ab $ 7. Anfahrt: U-Bahn (Orange Line) bis Haymarket; Bus (Linie 4) bis Commercial St. @ Hanover St.

18 USS Constitution und Museum ★ [eg]

Die **USS Constitution** (Spitzname „Old Ironsides") ist das älteste noch schwimmende Kriegsschiff der Welt. Es gehört zu den frühesten, direkt nach der Unabhängigkeit gebauten Fregatten der noch jungen US-Marine und wurde 1797 von Präsident George Washington getauft und dann zu Wasser gelassen.

Besondere Berühmtheit erlangte das Schiff in den kriegerischen Auseinandersetzungen mit dem Vereinigten Königreich im Jahr 1812, bei denen sie siegreich aus mehreren Seeschlachten hervorging. Der Dreimaster blieb auch später während seiner zahlreichen Einsätze unbesiegt, bis er 1881 außer Dienst gestellt wurde. Danach folgten zahlreiche Umwidmungen und Umbauten, wiederholt verhinderten öffentliche Proteste ein Abwracken. Im 20. Jh. schließlich wurde die USS Constitution mehrmals restauriert und überholt, bis sie zu ihrem 200. Jubliäum 1997 sogar wieder aus eigener Kraft in See stechen konnte. Heute ist die Fregatte das „Staatsschiff" der USA, das für repräsentative Zwecke genutzt wird. Außerdem kann sie das gesamte Jahr über besichtigt werden. Die obersten drei Decks sind zugänglich, Matrosen beantworten gern jedwede Fragen. Es werden auch Touren angeboten – und das Ganze ist kostenlos.

Das **USS Constitution Museum** an den Docks direkt neben dem Schiff stellt Tausende Gegenstände und Dokumente aus, die in Zusammenhang mit der über 200-jährigen Geschichte Old Ironsides stehen: Waffen, Navigationsgeräte, Dokumentationen diverser Schlachten und des Wirkens ihrer prominentesten Kapitäne, bis hin zur Vorstellung des Matrosenlebens an Bord. Wer ganz tief eintauchen möchte, kann sogar auf eine umfangreiche Bibliothek zurückgreifen. Außerdem wird auf die Geschichte des **Charlestown Navy Yard** eingegangen, dem großen Werftgelände, innerhalb dessen sich die USS Constitution und das Museum befindet.

› Charlestown Navy Yard, https://ussconstitutionmuseum.org, Tel. 617 426 1812. Anfahrt: Die nächste U-Bahn-Station ist gut 20 Fußminuten entfernt (Orange Line, Station Community College), Bus (Linie 93) bis Chelsea St. @ Fifth St.; Station des Freedom Trail.
› **Museum:** täglich 9–18 Uhr (Frühling/Sommer) bzw. 10–17 Uhr (Herbst/Winter), (empfohlener) Eintritt Erw. $ 10–15, Kinder $ 5–10
› **Schiff:** Di.–So. 10–18 Uhr (Frühling/Sommer) bzw. Mi.–So. 10–16 Uhr (Herbst und Winter), Führungen alle 15 Min., Eintritt frei (Achtung: Sicherheitskontrolle wie am Flughafen)

19 Bunker Hill Monument und Museum ★ [dg]

Am 17. Juni 1775 fand in Charlestown auf dem Bunker Hill, insbesondere aber auf dem angrenzenden Breed's Hill eine der **frühen Schlachten des Unabhängigkeitskriegs** statt. Sie endete mit einem teuer erkauften Sieg der Briten, die die Hügel zwar einnehmen und damit die Kontrolle über den Hafen sichern konnten, allerdings massive Opfer zu beklagen hatten. Es war die verlustreichste Schlacht für die Briten im gesamten Unabhängigkeitskrieg und sie demonstrierte letztendlich auch deren Verwundbarkeit. Neun Monate später gaben die Briten die Belagerung des Bostoner Hafens auf.

Das **Monument** auf dem Breed's Hill wurde am Jahrestag der Schlacht im Jahr 1843 eingeweiht. Der 67 m hohe Obelisk ist nicht nur der älteste seiner Art auf dem nordamerikanischen Kontinent, sondern auch eines der ältesten Denkmäler in den Vereinigten Staaten. Er wurde unter erschwerten Bedingungen errichtet: Die Bauzeit betrug fast 20 Jahre, immer wieder ging den Unterstützern das Geld aus. Schließlich wurde der größte Teil des Hügels für Wohnbebauung parzelliert und verkauft, um das Denkmal auf dem Gipfel vollenden zu können.

Das **Museum** wiederum wurde erst 2007 im Zuge einer groß angelegten Renovierung des Denkmals eröffnet. Das eher kleine Ausstellungshaus beherbergt unzählige Exponate rund um die Schlacht, aber auch zum größeren Kontext der US-amerikanischen Unabhängigkeitsbewegung und dem Unabhängigkeitskrieg. Gemälde, originale Waffen und Trommeln, Zeitungsausschnitte, handschriftliche Dokumente, Dioramen und informative Schautafeln bringen Besucher diesen so wichtigen Moment für den weiteren Verlauf der US-Geschichte näher.

Das Museum ist auf jeden Fall einen Besuch wert, und zwar nicht nur für Menschen mit Faible für Militärgeschichte.

› 43 Monument Sq., www.nps.gov/bost/learn/historyculture/bhm.htm (u. a. mit Details der Schlacht), Tel. 617 242 5601, Kernöffnungszeit ist Mi.–So. 11–17 Uhr, zur Hochsaison max. 10–16.30 Uhr (genaue Zeiten siehe Website), Eintritt frei. Anfahrt: U-Bahn (Orange Line) bis Community College, von dort gut 10 Min. zu Fuß; Bus (Linie 93) bis Chelsea St. @ Constitution Rd.; letzte Station des Freedom Trail.

Beacon Hill und West End

Diese beiden Stadtviertel könnten kaum unterschiedlicher sein: **Beacon Hill**, vor allem dessen Südseite, ist voller alter Backsteinbauten, kleiner Straßen und Gässchen mit Gasbeleuchtung(!), Galerien, Antiquitätenläden und Boutiquen, feiner Restaurants und Cafés – wunderbar zum Schlendern und Shoppen. In dem Viertel gibt es viel zu entdecken, je nach persönlichem Interesse. Die ebenso kleine wie berühmte Acorn Street beispielsweise mit ihrem Katzenkopfpflaster versprüht Alte-Welt-Charme und ist eines der beliebtesten Fotomotive von US-Touristen, für Europäer hingegen kaum eine Sensation.

Das **West End** ist modern, weitläufig und bietet viel Platz. Das Viertel ist nahezu vollständig Produkt eines gigantischen Stadterneuerungsprojekts aus der Mitte des 20. Jahrhunderts, als man noch gern groß dachte und fest an die Planbarkeit der Welt glaubte. Etwa zwei Drittel des alten West End wurde in den 1950er- bis 1960er-Jahren abgerissen und neu bebaut, 10.000 Menschen umgesiedelt. Aus dem dichten Gassengewirr aus rotem Backstein wurde in Superblockbauweise ein neues Viertel mit gemischter Wohn- und Geschäftsbebauung aus dem Boden gestampft. Die Gebäude sind in der Regel höher angelegt, dazwischen breitet sich viel Grün aus. Heute leben hier knapp 5000 Menschen, überwiegend aus der gehobenen Mittelschicht. Ein Besuch des West Ends ist eine interessante Abwechslung weit abseits der Touristenströme; städtebaulich Interessierte finden ein Paradebeispiel für die radikale Stadtplanung in der Mitte des 20. Jahrhunderts.

20 Museum of African American History & The African Meeting House ★★★ [D3]

Das Museum of African American History und das African Meeting House sind die End- und die interessantesten Punkte des Black Heritage Trail, der sich vom Boston Common 1 *in das nördliche Beacon Hill zieht. Sie sind unbedingt einen Besuch wert, entweder als Teil des Trails oder für sich.*

Das **Museum** befindet sich in der ehemaligen Abiel Smith School, der ersten öffentlichen Schule für afroamerikanische Kinder, erbaut 1835. Es bietet Wechselausstellungen mit einer enormen Bandbreite zur afroamerikanischen Geschichte Bostons und der USA. Die Ausstellungen sind unterschiedlich lang, oft sind auch zwei parallel zu sehen. Das aktuelle Programm ist auf der Website einzusehen.

Neben dem Museum befindet sich das **Meeting House**. Die ehemalige Kirche, erbaut 1806, ist die älteste noch existierende afroamerikanische Kirche in den USA. Dabei hat das Gebäude eine wechselvolle Geschichte hinter sich: Als osteuropäische Juden ab Ende des 19. Jahrhunderts Beacon Hill besiedelten und dringender Bedarf nach Gebetsräumen entstand, wurde der Sakralbau an eine jüdische Gemeinde veräußert und in eine Synagoge umgewandelt. Erst im Jahr 1972 kaufte das African American Museum das Gebäude. Seitdem ist es Ort höchst informativer Vorträge von Rangern des National Parks sowie für Filmvorführungen. Seit 2004 ist es in heutiger Gestalt zu bewundern, weitge-

Mein Tipp

Black Heritage Trail

Wie kaum ein zweites Viertel spiegelt der Beacon Hill den Charakter Bostons als Ort der Migration wider. Beispiel hierfür ist die starke **afroamerikanische Präsenz** auf dem Hügel, die in etwa vom späten 18. Jahrhundert bis zum Bürgerkrieg andauerte und viele Spuren hinterließ, die heute entlang des Black Heritage Trail erkundet werden können.

Über die Hälfte der afroamerikanischen Bevölkerung Bostons siedelte in den Jahrzehnten vor dem Bürgerkrieg auf der Nordseite des Hügels. Einige originale Bauten, von Wohnhäusern über Geschäfte und Schulen bis hin zu Kirchen, sind aus dieser Zeit erhalten. Viele **Protagonisten des Abolitionismus** lebten und wirkten hier – in Massachusetts war die Sklaverei bereits 1783 abgeschafft worden. Weiße wie Schwarze gewährten Verfolgten und flüchtigen Sklaven aus den Südstaaten Unterschlupf und machten den Beacon Hill so zu einem festen Anlaufpunkt der sogenannten **Underground Railroad,** einem informellen und geheimen Netzwerk der Fluchthilfe, das die Flüchtenden vor dem langen Arm ihrer „Besitzer" schützte.

Nach dem Ende des Bürgerkriegs 1865 siedelten Tausende afroamerikanische Neuankömmlinge aus dem Süden sich vor allem in den Stadtteilen South End und Roxbury an und mit der Zeit zogen auch die schwarzen Bewohner des Beacon Hill in diese Viertel. Sie machten somit gewissermaßen Platz für neue Einwanderergruppen, denn wenig später zogen insbesondere **osteuropäische Juden** auf den Hügel. Davon kann man sich heute in der **Vilna Shul** 21 ein Bild machen.

Der Black Heritage Trail hat das **Museum of African American History & The African Meeting House** 20 als End- und Höhepunkt, die Abzweigung vom Freedom Trail ist aber in ihrer ganzen Länge sehenswert. Der Trail beginnt auf dem **Boston Common** 1. In der dortigen Visitor Information kann man sich kostenlos die informative Broschüre der Nationalparkverwaltung besorgen, die die einzelnen Anlaufpunkte beschreibt. Vor dem New State House mit der großen goldenen Kuppel, in dem das Parlament von Massachusetts tagt, beginnt der Trail an einem Denkmal für ein schwarzes Nordstaaten-Regiment im Bürgerkrieg, danach geht es auf einen Rundgang entlang signifikanter Orte der afroamerikanischen Geschichte hinein in das eng bebaute Viertel Beacon Hill.

› Informationen zu Touren und weiteren Entdeckungsmöglichkeiten findet man unter www.nps.gov/boaf/index.htm oder www.maah.org/boston_heritage_trail. Anfahrt: Mit der U-Bahn (Green Line, Red Line) bis Park Street, von dort sind es nur wenige Gehminuten hinüber auf die andere Parkseite vor das New State House.

hend zurückversetzt in den Zustand des 19. Jahrhunderts und zugleich ausgestattet mit moderner Technik.

Im Meeting House finden dienstags bis sonntags stündliche Vorträge statt, die besucht werden können. Auf dem gesamten Gelände stehen Ranger der Nationalparkverwaltung Rede und Antwort.

› **Museum of African American History & The African Meeting House,** 46 Joy St., www.maah.org/boston-location, Tel. 617 725 0022, Di.–So. 10–16 Uhr, Eintritt $ 15 (unter 18 Jahren $ 8)

› Anfahrt: U-Bahn (Red oder Green Line) bis Park Street, dann 10 Min. Fußweg; auch (Blue Line) bis Bowdoin, von dort 5 Min. zu Fuß

21 Vilna Shul ★★ [D2]

Die in einer alten Synagoge auf dem Beacon Hill untergebrachte Vilna Shul ist das **Zentrum jüdischer Kultur** in Boston. Sie erzählt von der ehemals starken jüdischen Präsenz im Viertel, von der heute sonst kaum noch etwas zu sehen ist. Bei dem Gebäude handelt es sich um den letzten erhaltenen jüdischen Sakralbau in Boston aus dem späten 19. und frühen 20. Jh. Einst fanden sich in der weiteren Umgebung Dutzende Synagogen, schließlich fand in jenen Jahrzehnten die zahlenmäßig größte Migrationsbewegung osteuropäischer Juden in die USA statt. Zunächst besiedelten die meist mittellosen Einwanderer insbesondere die damals wenig begehrten Gegenden um das North End, West End und den nördlichen Beacon Hill in unmittelbarer Nähe der Vilna Shul. Mit dem großflächigen Abriss, aber auch durch Abwanderung in das Umland und in andere Teile der USA sank die Zahl der jüdischen Bewohner Bostons bis in die Mitte des 20. Jh. rapide, 1985 schloss die Synagoge ihre Tore. Danach folgte jahrelanger Leerstand, bis sich in den 1990er-Jahren das Interesse für ein jüdisches Kulturzentrum und Museum regte und das Vilna als Gebäude auserkoren wurde.

Wie der Name bereits suggeriert, wurde die Synagoge im Jahr 1919 von einer orthodoxen Einwanderergruppe aus dem litauischen Wilna finanziert, die wie viele andere zentral- und osteuropäischen Gruppen auch zunächst eine Landsmannschaft und dann eine jüdische Gemeinde gegründet hatte. Heute beherbergt das Gebäude unter anderem ein kleines **Museum zur Geschichte des jüdischen Lebens in Boston** und zur **Vilna-Synagoge** und bietet ein umfangreiches Programm und Wechselausstellungen. Bei umfangreichen Renovierungsarbeiten zum hundertjährigen Bestehen des Gebäudes wurden im Jahr 2019 zudem unter mehreren Farbschichten **Wandmalereien** aus der Frühzeit seines Bestehens freigelegt.

› 18 Phillips St., www.vilnashul.org, Tel. 617 523 2324, Zutritt nur mit geführter Tour, buchbar unter https://vilnashul.org/about/tours. Anfahrt: U-Bahn (Red Line) bis Charles/MGH oder (Blue Line) bis Bowdoin.

023bo-as

Die Vilna Shul ist heute ein jüdisches Kulturzentrum

22 Museum of Science ★ [C1]

Das vor allem für Familien mit Kindern äußerst sehenswerte Museum of Science öffnete 1951 seine Pforten an der Charles River Dam Bridge. Es behandelt eine enorme Bandbreite an Themen: Die (oft interaktiven) Ausstellungen reichen von Optik (bzw. optischen Täuschungen) bis zur Nanotechnologie, von der Dampfmaschine zu erneuerbaren Energien, von der Schifffahrt zur Raumfahrt, vom botanischen Garten mit exotischen Schmetterlingen bis zu gigantischen Dinosaurierfossilien. Aber etwa auch die Tiere Neuenglands und das Ökosystem des Charles River werden vorgestellt, inkl. Aquarien und kleiner Forschungsstationen mit Mikroskopen. Spektakulär ist das **Theater of Electricity**, in dem man zu festen Uhrzeiten den weltgrößten **Van-de-Graaff-Generator** unter einer Spannung von über einer Million Volt bewundern kann. Hinzu kommen zahlreiche **Wechselausstellungen**, die etwa im halbjährlichen Rhythmus zu sehen sind. Zum Museum gehören auch ein **Planetarium**, das **Mugar Omni Theater** (ein gewölbtes IMAX-Kino), ein **4D-Kino**, eine Cafeteria (mit schöner Aussicht über den Fluss) und ein Museumsshop.

› 1 Science Park, www.mos.org, Tel. 617 723 2500, täglich 9–17 Uhr, Eintritt $ 29, über 60 Jahre $ 25, bis 11 Jahre $ 24, für das Planetarium und das Kino in Kombination mit dem Haupteintritt jeweils $ 6, alle Tickets sind online günstiger. Anfahrt: U-Bahn (Green Line) bis Science Park.

Der Hancock Tower vom Ufer des Charles River aus betrachtet

Back Bay und South End

Das Viertel **Back Bay** entstand in der Mitte des 19. Jh. durch Landaufschüttungen im Charles River westlich des Public Garden. Der Norden entlang des Flusses ist ein urbanes Wohngebiet – innerstädtisch sicher das Vornehmste neben dem südlichen Beacon Hill –, das von rotem Backstein und altem Baumbestand dominiert wird. Entlang der zentralen **Commonwealth Avenue** finden sich stattliche Mehrfamilienhäuser, auf dem breiten, baumbestandenen Grünstreifen in der Mitte stehen zahlreiche Skulpturen von berühmten Bostonians. Der südliche Teil der Back Bay (in etwa südlich der Commonwealth Avenue) ist ein Einkaufsparadies mit riesigen Shopping Malls und zahlreichen großen Hotels. Wiederum südlich schließt **South End** an, ein buntes Kreativviertel mit zahlreichen Kneipen, Bars, (oft hervorragenden) Restaurants und kleinen Läden. Im Gegensatz zum bürgerlichen Back Bay leben in South End viele Künstler, Studierende und Hipster, auch zahlreiche Einwanderer haben sich hier niedergelassen.

23 John Hancock Tower ★★ [C5]

Im Volksmund The Hancock genannt, ist der preisgekrönte Turm seit seiner Fertigstellung 1976 mit 240 m und 62 Stockwerken das höchste Gebäude Neuenglands. Als Architekt zeichnete der in Boston geborene Henry M. Cobb, Partner von I.M. Pei und Gründungsmitglied des Architekturbüros Pei Cobb Freed & Partners in New York, verantwortlich. Ganz im Sinne des Modernismus ist das Gebäude **minimalistisch gehalten** und schafft es durch seine Gestaltungs- und Strukturelemente doch, ganz besondere optische Eindrücke zu vermitteln. Gleich auf den ersten Blick ziehen die **Spiegelungen** an der leicht blau getönten Glasfassade in ihren Bann: Die nebenan stehende Trinity Church ㉔ etwa, aber auch der blaue oder leicht bewölkte Himmel an einem schönen Sommertag. Ein besonderer Eindruck entsteht aber auch durch die **Form des Turms,** dessen Grundriss nicht etwa rechteckig, sondern als Parallelogramm angelegt ist. Dadurch erscheinen seine Ecken besonders scharfkantig. Die tiefen Einkerbungen an den beiden kurzen Seiten des Baus betonen darüber hinaus den vertikalen Charakter des Wolkenkratzers.

Im ersten Jahrzehnt seines Bestehens war das Gebäude keineswegs unumstritten und schon gar kein Aushängeschild. Zunächst war es wegen Pannen, Designfehlern, verzögerten Eröffnungsterminen und einer Kostenexplosion in aller Munde. So wurden beim Bau etwa Fundamente umgebender Bauten beschädigt. Höhepunkt der Misere war aber, dass massenhaft Fenster aus dem Turm herausfielen. Heute sind das allerdings nur noch Anekdoten aus ferner Zeit, längst ist The Hancock in der öffentlichen Wahrnehmung zu einem **ikonischen Gebäude** geworden.

Der Wolkenkratzer kann nur von außen besichtigt werden, die Aussichtsplattform im obersten Stockwerk ist seit den Terroranschlägen vom 11. September 2001 aus Sicherheitsgründen leider geschlossen. Die Empfangshalle im Erdgeschoss steht zwar offen, Fotografieren ist allerdings nicht erlaubt.

Übrigens heißt der Turm seit 2015 nach seiner Adresse offiziell **200 Clarendon** und nicht mehr Hancock, ob

035bo-as

sich das umgangssprachlich aber jemals durchsetzen wird, ist fraglich.

› 200 Clarendon St., www.200clarendon.com, Anfahrt: U-Bahn (Green Line) bis Copley oder (Orange Line) bis Back Bay Station. Um die Back Bay Station halten auch zahlreiche Buslinien und Regionalzüge.

㉔ Trinity Church of Boston ★ [C5]

Der prominent gelegene Sakralbau am Copley Square ist eine Perle des Historismus. Bereits wenige Jahre nach seiner Fertigstellung wurde der vom American Institute of Architects zu einem der **zehn bedeutsamsten Gebäude der USA** ernannt und auf dieser Liste steht die Kirche bis heute. Der Bau wurde 1877 eingeweiht und galt von Anfang an als **neoromanisches Meisterwerk.** Als Architekt einer neuen Pfarrkirche für die Back Bay war **Henry Hobson Richardson** beauftragt worden, nachdem der Vorgängerbau beim großen Stadtbrand von 1872 den Flammen zum Opfer gefallen war. Die Trinity Church gilt als Richardsons wichtigster Bau in der Frühphase seines Schaffens und ist entscheidend für die Entwicklung des nach ihm benannten Architekturstils Richardsonian Romanesque.

Ungewöhnlich ist zunächst die Platzierung des **Turms** im Zentrum des Baus. Von ihm ausgehend ergibt sich ein Grundriss in Form eines Kreuzes, der zum einen ein Gefühl der Offenheit vermitteln, aber auch den ungestörten Blick von allen Seiten in das Zentrum sicherstellen sollte, da keine Säulen den Blick verstellen können. Im **Inneren** beeindrucken mehr als 2000 m² an Wand- und Deckenmalereien, Holzschnitzereien, eine ganze Reihe von bemalten Bleiglasfenstern und ein vergoldeter Chor. Zudem finden sich Skulpturen des Bildhauers **Daniel Chester French** in der Kirche, der auch in der gegenüberliegenden Boston Public Library 25 seine Spuren hinterlassen hat.

Die Trinity Church steht auf **4500 hölzernen Pfählen** im sumpfigen Boden der Back Bay, die durch Landgewinnungsmaßnahmen dem Brackwasser zwischen Charles River und Meeresbucht abgetrotzt worden war und immer schon einen schwierigen Baugrund darstellte. Das **Eingangsportal an der Westseite,** hin zum Copley Square, wurde erst drei Jahrzehnte nach Errichtung der Kirche angebaut.

Beeindruckend sind die Spiegelungen der Kirche in dem auf der gegenüberliegenden Straßenseite stehenden Hancock Tower 23. Dessen Bau in unmittelbarer Nähe der Kirche (und de facto zu deren 100-jährigem Jubiläum) hatte in den 1970er-Jahren für Proteststürme gesorgt. In den ersten Jahren schienen sich einige der Gegenargumente zu bestätigen: In der Tat war etwa das Fundament der Kirche bei den Bauarbeiten beschädigt worden und auch andere Probleme um den Tower rückten ihn zunächst in ein schlechtes Licht. Noch heute werden mitunter die Nähe des Turms zur Trinity Church und sein Schattenwurf auf den Sakralbau bemäkelt, insgesamt allerdings scheint die Faszination zu überwiegen, die das Zusammenspiel der beiden ikonischen Bauten ausmacht.

Die Kirche kann zu festen Öffnungszeiten besucht werden. Mehrmals täglich werden geführte Touren angeboten, die Zeiten dafür sind jeweils aktuell auf der Website angegeben.

› 206 Clarendon St., Tel. 617 536 0944, www.trinitychurchboston.org, Di.–Sa. 10–17, So. 11–16 Uhr, Eintritt $ 10 (bis 12 Jahre frei). Anfahrt: U-Bahn (Green Line) bis Copley oder (Orange Line) bis Back Bay Station. Um die Back Bay Station halten auch zahlreiche Buslinien und Regionalzüge.

25 Boston Public Library, McKim Building ★★★ [B5]

Als beeindruckendes Beispiel des Historismus bzw. der Neorenaissance ist dieser Repräsentationsbau des späten 19. Jh. unbedingt einen Besuch wert. Gestaltet vom US-Architekten Charles Follen McKim nach dem Vorbild der Bibliothek Sainte-Geneviève in Paris, wurde der Bau im Jahr 1895 als „Palast für die Menschen" eingeweiht. Und als Palast erscheint das Gebäude allemal, eine Reihe bekannter Renaissancebauten in Italien werden neben Sainte-Geneviève immer wieder als architektonische Paten der Boston Public Library genannt.

› Beeindruckend: die Bates Hall der Public Library

Die **Fassade** ist mit Granit aus Massachusetts gestaltet. Der **Haupteingang** am Copley Square besteht aus drei großen Bögen, die von mächtigen schmiedeeisernen Leuchtern flankiert werden. Die 1904 vom Bildhauer Daniel Chester French gestalteten Eingangstore zeigen reliefartige Allegorien der Musik und Dichtung, des Wissens und der Weisheit, der Wahrheit und Romantik, die zudem von historischen Zitaten flankiert werden. Links und rechts des Eingangs stehen seit 1912 zwei von Bela Pratt gestaltete Statuen, die Kunst und Wissenschaft symbolisieren. Auf dem Gurtgesims über dem Eingang ist in den Granit eingraviert das Motto der Bibliothek zu lesen: **„Free For All"**.

Der Gebäudekomplex verfügt über einen bis heute sehr beliebten **Innenhof**, der wie ein Kreuzgang der Renaissance gestaltet ist und einen Skulpturengarten beherbergt. Im Gegensatz zur Außenfassade ist der Innenhof aus verschiedenen Materialien gefertigt, neben Granit auch aus Marmor, Backstein und Terrakotta. In der Mitte des Hofs steht die bekannteste Skulptur des McKim Buildings: **„Dancing Bacchante and Infant Faun"** („Tanzende Bacchantin und junger Faun"), gestaltet vom Bildhauer und Maler Frederick William MacMonnies.

Spektakulär ist das große **Treppenhaus**, das man geradeaus durch den Haupteingang kommend betritt. Die Wände sind mit dem gelblichen Giallo di Siena aus der gleichnamigen Stadt in Norditalien gestaltet, der unter enormem Aufwand und mit großen Kosten nach Boston verfrachtet wurde. Der Marmor ist so angeordnet, dass die Farben von unten nach oben graduell heller werden. Die Treppen bestehen aus französischem Marmor. Nach dem Passieren der ersten großen Treppe erreicht man einen Zwischenabsatz. Geradeaus versperren zwei schwere Eichentüren den Weg auf den dahinter befindlichen Balkon

025bo-as

über dem Innenhof. Auf beiden Seiten wird dieser Treppenabsatz von monumentalen Löwenfiguren flankiert, die beide aus jeweils einem Block Marmor geschaffen wurden.

Von dem Absatz aus führen zwei Treppen hinauf in das Obergeschoss. Dort befindet sich die riesige, drei Geschosse hohe **Bates Hall**, der an eine romanische Basilika erinnernde Lesesaal der Bibliothek. Der Saal ist über 65 m lang, 13 m breit und 15 m hoch und wird von einer auf Sandsteinsäulen ruhenden Kassettendecke mit reichen Verzierungen überwölbt. Der Fries enthält die Namen der wichtigsten Gelehrten aus dem zeitgenössischen Bildungskanon: Mit der einzigen Ausnahme Konfuzius sind alle Europäer und ausnahmslos alle sind männlich.

Es ist empfehlenswert, im Obergeschoss den Innenhof komplett zu umwandern und sich auch die anderen, teilweise sehr eindrucksvollen Räumlichkeiten anzusehen. Das Gebäude ist auch ein Beispiel dafür, wie sehr Europa und das, was von den Bostonians zeitgenössisch als europäische Kultur verehrt und als Nonplusultra von Bildung betrachtet wurde, am Ende des 19. Jh. noch Orientierungs- und Fixpunkt des kulturellen Lebens war. Wenige Jahrzehnte später hatte sich das Bild dahingehend bereits grundlegend gewandelt.

› 700 Boylston St. (Copley Square), www.bpl.org/locations/central, Tel. 617 536 5400, Mo.-Do. 9-20 Uhr, Fr., Sa. 9-17 Uhr, So. 11-17 Uhr. Anfahrt: U-Bahn (Green Line) bis Copley oder (Orange Line) bis Back Bay Station.

026bo-as

26 SoWa Art & Design District ★★★ [D6]

In den alten Lagerhäusern entlang der Harrison Avenue und ihrer Nebenstraßen findet sich eine schier unüberschaubare Anzahl an Galerien, Boutiquen und Ateliers.

SoWa, ein **Akronym für South of Washington** (also südlich der Washington Street), ist heute ein bunter und als Wohnort begehrter Stadtteil Bostons. Das war lange so nicht absehbar. Einst eine von der Stadtplanung weitgehend abgeschriebene Ecke im South End zwischen den zwei Autobahnen I-93 und I-90, hat es in den letzten Jahren einen enormen Boom durchlebt. Den Anfang machten die in diesem Zusammenhang so oft beschworenen „Kreativen“, die

☒ *Auf Tuchfühlung mit Künstlern im SoWa Art & Design District*

die alten geräumigen Backsteingebäude zuerst in Besitz nahmen und als **Studios und Ateliers** nutzten. Über Jahre fand dann eine zunehmende Institutionalisierung statt, die sich heute in einer geschlossenen Vermarktung des gesamten Areals als **hippes Künstler- und Designviertel** manifestiert. Dazu gehören **Boutiquehotels** ebenso wie **Gastronomie** und jährlich stattfindende **Messen** und **Märkte.** Den Kern bilden aber nach wie vor die ganzjährig geöffneten **Ateliers, Showrooms** und **Galerien** um den langgezogenen Backsteinkomplex **450 Harrison Avenue.**

Die Bandbreite des Schaffens ist groß: Von Malerei, Bildhauerei und Drucken über Textilien, Mode, Schmuck und Accessoires bis hin zu Möbeln und Home Design ist alles zu finden. Die Ateliers in den oberen Stockwerken haben unregelmäßige Öffnungszeiten, das Gebäude selbst ist allerdings den Tag über zugänglich. Die Läden im Erdgeschoss haben weitgehend gängige Öffnungszeiten. Von Mai bis Oktober findet jeden Sonntag ein großer Markt statt, auf dem zusätzlich regionales Kunsthandwerk und Biolebensmittel zu finden sind (Informationen auf der Website).

› Das Zentrum des Art District ist das alte Industriegebäude 450 Harrison Ave. Infos und Adressen sowohl der Galerien als auch der Ateliers unter www.sowaboston.com, Tel. 857 362 7692. Siehe auch die Website der Künstlerinnung SOWA Artists Guild, www.sowaartists.com. Anfahrt in das Zentrum des Districts: Bus (Silver Lines 4 und 5) bis Washington St. @ E Berkeley St. oder (Linien 9 und 11) bis E Berkeley St. @ Harrison Ave.; U-Bahn (Red Line) bis Broadway, von dort ca. 10 Min. zu Fuß; alternativ (Orange Line) bis Back Bay.

Fenway

Fenway ist Standort zahlreicher Universitäten und Hochschulen und wird von der Huntington Avenue durchzogen, die angesichts zahlreicher Museen, Theater und Konzertsäle auch als **Avenue of the Arts** bekannt ist. Aber auch **Fenway Park** findet sich hier, das traditionsreichste Baseball-Stadion der USA.

27 Avenue of the Arts ★★ [bk]

Die **Huntington Avenue**, in ihrem mittleren Abschnitt Avenue of the Arts genannt, und ihre direkte Umgebung sind Heimat zahlreicher repräsentativer Bauten aus dem frühen 20. Jh. und eine der Vorzeigeadressen der Stadt. Sie beherbergt unter anderem Kunstmuseen und Ausstellungshäuser, Bibliotheken, Konzertsäle und mehrere Universitäten wie das Massachusetts College of Art and Design und am nördlichen Ende das berühmte Berklee College of Music mit seiner Bühne (s. S. 77).

Unweit des **Museum of Fine Arts** 28 befindet sich das außergewöhnliche **Isabella Stewart Gardner Museum** 29, beides Museen von Weltrang. Auch das Herz der klassischen Musikstadt Boston schlägt auf der Avenue of Arts. Mit dem **New England Conservatory of Music** steht hier seit 1902 das älteste Konservatorium des Landes, dessen **Jordan Hall** (s. S. 78) als einer der weltweit hochwertigsten klassischen Konzertsäle gilt und den Titel National Historic Landmark trägt. Weitere Konzertsäle werden vom Boston Philharmonic Orchestra und der Boston Civic Symphony bespielt.

Das 1881 gegründete **Boston Symphony Orchestra** ist wiederum in der **Symphony Hall** (s. S. 77) aus dem

Jahr 1900 zu Hause, die sich ebenfalls an der Huntington Avenue befindet. Es gehört zu den sogenannten „Big Five" der klassischen Orchester in den USA und residiert im Sommer im bei Klassik-Liebhabern berühmten Tanglewood im westlichen Massachusetts.

28 Museum of Fine Arts ★★★ [bk]

Der Kunsttempel ist mit fast einer halben Million Objekten eines der größten Museen in Nord- und Südamerika und mit weit über einer Million Gästen jährlich eines der meistbesuchten Kunstmuseen der Welt. Das Museum of Fine Arts wurde bereits 1870 gegründet, erster Direktor war der sächsische Maler Otto Emil Grundmann, der während seiner Jahre in Boston mit seinen Malklassen großen Einfluss auf eine ganze Reihe von US-amerikanischen Malern ausübte.

Das Gebäude am Copley Square in der Back Bay wurde für das Museum zu Beginn des 20. Jh. zu klein, sodass 1909 der heute zu bewundernde, **neoklassizistische Bau** eröffnet wurde, der zu Beginn nur aus dem langgezogenen Riegel aus Granit mit zentraler Rotunda entlang der Huntington Avenue bestand. Die prominent vor dem Haupteingang platzierte Statue **„Appeal to the Great Spirit"** des amerikanischen Bildhauers Cyrus Dallin wurde 1912 aufgestellt. Die Statue, die einen Indianer auf einem Pferd darstellt, war in Paris hergestellt worden, wobei dann auch kein amerikanischer Ureinwohner, sondern ein italienischer Staatsbürger Modell stand.

In den folgenden Jahrzehnten wurden immer wieder Erweiterungen an den Museumsbau hinzugefügt. Die Fresken in den älteren Gebäudeteilen (insbesondere der Rotunda) stammen von **John Singer Sargent,** einem in Florenz in eine amerikanische Familie geborenen Maler, der seine Ausbildung in Paris erhielt und in den Tausenden Werken, die er hinterließ, vor allem seine ausgeprägten

027bo-as

Weltreisen dokumentierte. Für die Erweiterungsbauten wurden **prominente Architekten** verpflichtet, von dem von Walter Gropius mitbegründeten Architects Collaborative (1976) über I.M. Pei (1981) bis Norman Foster, der mit dem 2010 eröffneten Art of the Americas Wing die bisher letzte große Erweiterung gestaltete.

Das Museum zeigt **Kunst aus allen Erdteilen und Epochen** von der Antike bis zur Gegenwart und umfasst dabei Werke aus der Malerei, Bildhauerei und Fotografie, aber auch Musikinstrumente, Mode, Schmuck, Porzellan und Mobiliar. Die Bandbreite ist wirklich enorm. Die Sammlungen sind zum einen geografisch (Americas, Asia and Ozeania, Africa, Europe), aber auch chronologisch (Ancient World, Contemporary) und systematisch (Music Instruments, Jewelry, Photography etc.) angelegt. Man könnte hier ob der Masse des Ausgestellten Tage verbringen, es bietet sich also an, eine gewisse Vorauswahl zu treffen.

Übrigens ist auch im **Außenbereich** Interessantes zu entdecken. Insbesondere gibt es einen Japanischen Garten, aber auch einen schönen Innenhof zum Rasten. Dazu befinden sich im und am Gebäude mehrere Cafeterias und Bars.

› 465 Huntington Ave., www.mfa.org, Tel. 617 267 9300, Sa.–Mo., Mi. 10–17, Do., Fr. 10–22 Uhr, Eintritt $ 27 (unter 18 Jahren $ 10), Vorreservierung bzw. Ticketkauf über Website empfohlen. Für manche Ausstellungen gibt es nur zeitspezifische Tickets. Anfahrt: U-Bahn (Green Line) bis Museum of Fine Arts oder (Orange Line) bis Ruggles.

Der Eingang des Museum of Fine Arts

29 Isabella Stewart Gardner Museum ★★★ [bk]

Der Bau im Stil eines venezianischen Renaissance-Palazzos ist nach der Philanthropin und Kunstsammlerin gleichen Namens benannt, die ihn einst als Privathaus errichten ließ.

Der Palazzo wurde 1903 in unmittelbarer Nähe des damals gerade neu angelegten **Fenway Garden** gebaut. Die Nähe zum Park war Programm: Die heute als Teil des Museums zugänglichen Gärten und der Innenhof waren von Beginn an und auch bereits in ihrer ursprünglichen Bestimmung als privates Anwesen als Teil eines Gesamtkunstwerks gedacht, als Ort der bildenden Kunst, Musik und darstellenden Kunst in Zusammenspiel mit der sie umgebenden Natur.

Die Objekte in ihrem Haus wurden von Gardner im Zusammenspiel mit der Raumgestaltung, dem Mobiliar und anderen Einrichtungsgegenständen arrangiert, und noch heute werden die Kunstwerke in einer ungewöhnlichen, **privat und intim anmutenden Atmosphäre** präsentiert.

Isabella Stewart Gardner (1840–1924) hatte von ihrem früh verstorbenen Mann ein Vermögen geerbt und baute damit die bereits vorhandene gemeinsame Sammlung massiv weiter aus. Sie investierte große Summen in Kunst und ihre Förderung, unternahm Reisen vor allem durch Europa, verkehrte mit zahlreichen Kunstschaffenden ihrer Zeit und war gesellschaftlicher Mittelpunkt Bostons, fiel aber auch des Öfteren durch ihr – aus damaliger Sicht – exzentrisches Verhalten auf. Schließlich war es am Ende des 19. Jh. in der bürgerlichen Gesellschaft noch höchst ungewöhnlich, als Frau auch nur als

028bo-as

Kunstsammlerin aufzutreten, weswegen sie viele Objekte durch männliche Agenten kaufen ließ.

Seit 2012 befindet sich direkt neben dem Originalgebäude ein schmucker Neubau. In beiden Gebäudeteilen werden mehrere Jahrhunderte umfassende Objekte aus Europa, Asien und den Amerikas ausgestellt, darunter Malereien und Skulpturen, Fotografien, Textilien, Bücher, Drucke, Manuskripte und vieles mehr.

Berühmt ist das Museum übrigens auch in einem höchst bedauerlichen Zusammenhang, nämlich für den **größten Kunstraub der Geschichte:** 1990 verschwanden mehrere Gemälde, unter anderem von Rembrandt, Vermeer, Manet und Degas, mit einem geschätzten Gesamtwert von einer halben Milliarde Dollar. Der Fall ist bis heute nicht geklärt, keines der Kunstwerke ist wiederaufgetaucht.

› 25 Evans Way, Tel. 617 566 1401, www.gardnermuseum.org, Mo., Mi., Fr. 11–17, Do. 11–21, Sa., So. 10–17 Uhr, Eintritt $ 15 (bis 17 Jahre frei), Schüler/Studierende $ 10, ab 65 Jahre $ 12, Tickets am besten vorab online kaufen. Anfahrt: U-Bahn (Green Line) bis Museum of Fine Arts oder (Orange Line) bis Ruggles.

30 Fenway Park ★ [bj]

Seit 1912 spielen die **Boston Red Sox** im Fenway Park, dem ältesten Stadion im **Profi-Baseball.** Heute ist das Stadion denkmalgeschützt und gilt als das geschichtsträchtigste der USA. Dabei ist seine Vergangenheit sehr vielfältig: Über die Jahrzehnte war es auch Austragungsort diverser anderer Wettkämpfe, von Boxen und Wrestling über Fußball und Football bis hin zu Wintersport mit Eishockey, Ski- und Snowboard-Wettbewerben.

Der Fenway Park spielt auch in der Populärkultur eine prominente Rolle, etwa in der Neuverfilmung von **„The Handmaid's Tale".** Zudem finden seit 1973 ein- bis zweimal jährlich **Konzerte** statt: Stevie Wonder und Ray Charles standen hier auf der Bühne, später spielten u. a. Bruce Springsteen and The E Street Band, aber auch die Rolling Stones, Neil Diamond, The Police oder Paul McCartney. Bis heute sind mit Pink und Lady Gaga jedoch gerade einmal zwei weibliche Interpreten als Headliner aufgetreten.

Darüber hinaus war der Fenway Park im 20. Jh. auch **Ort zahlreicher politischer Veranstaltungen.** 1919 beispielsweise demonstrierten im Stadion Zehntausende für die irische Un-

Emerald Necklace

Das Emerald Necklace, zu Deutsch Smaragdhalsband, ist eine durch Grünzüge und Wasserwege verbundene, insgesamt **450 ha große Parklandschaft,** die sich von Boston bis in die südlichen Vororte erstreckt. Der Name spielt auf den „Hals" der Halbinsel an, auf der Boston entstand und den die ersten europäischen Siedler hier vorfanden. Dieser „Hals", um den sich das Necklace legt, war im 17. Jh. gerade einmal knapp 40 m breit. Auf beiden Seiten erstreckte sich Marschland, das bei Flut weitgehend unter Wasser lag. Heute ist das nur noch zu erahnen: Zahlreiche Aufschüttungen zur Landgewinnung während der jahrzehntelangen Expansion der Stadt haben den Hals breiter als den Kopf werden lassen.

Das innerstädtische Ende des Necklace ist **Boston Common** 1. Bis zum anderen Ende, dem Franklin Park in Jamaica Plain, lassen sich von hier aus mit dem Fahrrad oder zu Fuß 11 km zurücklegen und neun Parks durchqueren, ohne das Necklace jemals zu verlassen. Der flächenmäßig größte Teil findet sich in Jamaica Plain.

Gestaltet wurde die Parklandschaft von dem bekannten Landschaftsarchitekten und frühen Umweltschützer **Frederick Law Olmsted** (1822–1903), der unter anderem auch in New York (Central Park) und Detroit (Belle Isle) seine Spuren hinterlassen hat. Heute ist das Necklace Bostons grüne Lunge, Naherholungsgebiet und Ort zahlreicher Veranstaltungen. Je weiter man sich vom Zentrum entfernt, desto „wilder" und ruhiger werden die Parks.

Das informative Visitor Center befindet sich schräg hinter dem Museum of Fine Arts 28 am Fenway Park 30.

i1 [bj] **Shattuck Visitor Center,** 125 The Fenway, Tel. 617 522 2700, www.emeraldnecklace.org, Mo.–Fr. 9.30–17 Uhr, Mai–Okt. auch Sa., So. 10.30–16.30 Uhr

abhängigkeit, am 4. November 1944 hielt Franklin Delano Roosevelt hier seine letzte Wahlkampfrede vor seiner Wiederwahl, in den 1990er-Jahren nutzten die Demokraten den Fenway Park als Wahlkampfbühne und in den 2000er-Jahren fanden etwa auch Einbürgerungsveranstaltungen hier statt.

Egal ob für ein Konzert oder eine Sportveranstaltung, ein Besuch im Fenway Park ist aufgrund der besonderen Atmosphäre und seiner langen Geschichte nicht nur für Sportbegeisterte ein tolles Erlebnis. Besonders und ur-amerikanisch ist natürlich der Besuch eines Baseball-Spiels der Boston Red Sox. Es werden täglich auch geführte **Touren** hinter die Kulissen angeboten, zudem gibt es ein Sportmuseum im Stadion.

› 4 Jersey St., Tel. 617 226 6666 (für geführte Touren), www.mlb.com/redsox/ballpark, www.mlb.com/redsox/ballpark/museum, April–Okt. täglich 9–17, Nov.–März tgl. 10–17 Uhr. Tickets für Spiele und Touren vorab online kaufen. Touren ($ 25, bis 12 Jahre $ 17) starten immer zur vollen Stunde, an Veranstaltungstagen findet die letzte Tour 3 Std. vor Veranstaltungsbeginn statt. Anfahrt: U-Bahn (Green Line) bis Station Kenmore, Regionalzüge bis Station Landsdowne.

Für Baseballfans eine mythische Stätte: das Stadion Fenway Park

Cambridge

Die Gegend um das heutige Cambridge wurde wie auch Boston in der ersten Hälfte des 17. Jahrhunderts von den **frühen Siedlern aus England** in Besitz genommen. Lange war Cambridge stark ländlich geprägt, bis es im Laufe des 19. Jahrhunderts durch eine besser werdende Verkehrsanbindung an Boston zunächst einen immer stärkeren vorstädtischen Charakter annahm und dann zu einem **Zentrum der Industriellen Revolution** an der US-Ostküste avancierte. Heute ist die Stadt überwiegend von ihren **Hochschulen** geprägt. Die größten Arbeitgeber vor Ort sind **Harvard** und **MIT** sowie eine Reihe von international agierenden Biotech- und Pharmakonzernen und Forschungseinrichtungen. Insgesamt macht die Stadt insbesondere entlang ihrer Hauptachse, der Massachusetts Avenue, den Eindruck einer typischen US-amerikanischen Universitätsstadt mit zahlreichen, auf Studierende ausgerichteten Angeboten.

31 Massachusetts Institute of Technology (MIT) ★ [bh]

Die **Eliteuniversität** Massachusetts Institute of Technology gehört verwaltungstechnisch zu Cambridge, liegt aber mit Blick auf Boston am Charles River. Mit gerade einmal 1000 wissenschaftlichen Mitarbeitern und rund 12.000 Studierenden ist die **private Forschungs- und Lehranstalt** nicht besonders groß, verfügt mit rund 11 Milliarden Dollar allerdings über ein enormes Vermögen und ein entsprechendes Budget. Die Bedeutung der Hochschule liest sich unter anderem daran ab, dass sie Gründungsorganisation und **Sitz des World Wide Web Consortium** ist, also der Organisation, die die weltweit gültigen Standards für das Internet festlegt. Die Liste der Nobelpreisträger, die hier studiert oder gelehrt haben, ist mittlerweile fast dreistellig.

Die Universität ist traditionell **liberal geprägt**, wobei Leistung und der Leistungsgedanke eine sehr große Rolle spielen. Die Studierenden des

029bo-as

MIT kommen aus allen Bundesstaaten der USA. Weniger als die Hälfte (und übrigens nur ein gutes Viertel des Lehrkörpers) sind weiblich. Ethnische Minderheiten sind überproportional verteten, insbesondere Studierende asiatischer Abstammung. Ein Drittel sind internationale Studierende aus über 130 Staaten weltweit, wiederum über die Hälfte davon kommt aus Asien. Auch wenn gerade unter den Lehrenden weiße Männer nach wie vor zahlenmäßig dominieren, so lässt sich der fundamentale Wandel hin zu mehr akademischer Diversität an diesen Zahlen sehr deutlich ablesen.

Ursprünglich befand sich das 1861 gegründete MIT im Stadtgebiet Bostons, bevor im Jahr 1916 auf einem Stück Brachland am Charles River in Cambridge der heutige Campus Gestalt annahm. Zentrales Gebäude ist **The Great Dome** von 1916, ein großer Kuppelbau mit ihn umgebenden Flügelbauten und einem Park, in dem unter anderem die Abschlusszeremonien abgehalten werden. Das Gelände befindet sich direkt am Ufer des Charles River und an der Harvard Bridge, die ins Bostoner Viertel Back Bay führt. Der Dome wurde auf zehn klassischen ionischen Säulen gebaut und ist nach dem Vorbild des römischen Pantheon gestaltet. Die mit Marmor verkleideten Flügelbauten weisen entlang ihrer Friese berühmte Namen des westlichen (vor allem naturwissenschaftlichen) Bildungskanons auf – fast ausschließlich Namen von Männern, den Baujahren der Gebäude entsprechend.

◁ *Der Great Dome ist der zentrale Ort des MIT*

Das muschelförmige **Kresge Auditorium** von 1955 fungiert mit seiner Konzerthalle, einem kleinen Theater und mit zahlreichen Übungsräumen unter anderem als das musikalische Zentrum auf dem MIT Campus. Architektonisch gelten das Auditorium und die daneben platzierte **MIT Chapel** (1955), beide entworfen von dem finnisch-amerikanischen Architekten Eero Saarinen, als herausragende Beispiele der Nachkriegsmoderne, die in den USA als „Midcentury modern" bezeichnet wird. Die Formgebung der futuristisch anmutenden Bauten fällt zunächst durch das komplette Fehlen eines 90-Grad-Winkels auf. Die Kapelle ist ein gemauerter, 10 m hoher Zylinder, auf dessen Dach ein Glockenspiel aus Aluminium thront, entworfen vom polnisch-amerikanischen Bildhauer Theodore Roszak. Das Auditorium ist exakt ein Achtel einer Kugel mit Kupferdach und drei großen Fensterfronten.

Das 1971 eröffnete **MIT Museum** sollte bei einem Besuch des Campus nicht ausgelassen werden. Es bietet nicht nur Ausstellungen zum Thema MIT und seiner Geschichte, die an sich schon hochinteressant sind, sondern insbesondere auch zu den Themenbereichen Nautik, Architektur, technologische und naturwissenschaftliche Errungenschaften (anhand von originalen Artefakten) sowie eine Kunstkollektion, die sich vor allem um die weltweit größte Ansammlung holografischer Werke dreht. Hinzu kommen zahlreiche Wechselausstellungen.

› **Anfahrt:** U-Bahn (Red Line) bis Kendall. Von hier aus sind alle beschriebenen Gebäude fußläufig zu erreichen.

★**2** [bh] **Great Dome,** Memorial Dr., 24 Std. am Tag geöffnet

★3 [bh] **Kresge Auditorium,** W16, 48 Massachusetts Ave., Tel. 617 253 3913. Das Auditorium und die MIT Chapel können im Rahmen einer Tour besucht werden, Infos und Buchung unter https://mitadmissions.org/schedule-your-visit.

4 [ch] **MIT Museum,** Gambrill Center, 314 Main St., Tel. 617 253 5927, http://mitmuseum.mit.edu, täglich 10–17 Uhr, Eintritt $ 18 (bis 18 Jahre $ 10)

32 Harvard University ★ [ag]

Wie das nahegelegene MIT 31 zählt auch die Harvard University zu den **prestigeträchtigsten Bildungseinrichtungen** weltweit. Zugleich ist die 1636 gegründete Elite-Universität die älteste Nordamerikas. Die Anfänge als Schule für die Ausbildung protestantischer Kirchenfunktionäre und Missionare waren noch recht bescheiden, aber wer hier heute innerhalb von vier Jahren einen Bachelor-Abschluss machen will, sollte für Gebühren und Lebenshaltungskosten mindestens eine Viertelmillion Dollar auf der hohen Kante haben oder sich entsprechend verschulden wollen – es sei denn, man schafft es in eines der Stipendienprogramme.

Die Gründer von Firmen wie der Citigroup, Microsoft oder Facebook sind Harvard-Absolventen und fast 200 lebende Milliardäre haben hier studiert, genau wie Barack und Michelle Obama oder auch John F. Kennedy. 160 Nobelpreise wurden an **Alumni der Universität** vergeben, aber auch Dutzende Preisträgerinnen und Preisträger der Oscars, von Pulitzer-Preisen und olympischen Goldmedaillen sind unter den ehemaligen Studierenden. Kurz: Die Bedeutung und der Einfluss der Harvard University sind kaum zu überschätzen und sie trägt zusammen mit dem MIT wesentlich dazu bei, dass die Stadt bzw. die Metropolregion Boston heute als eine Weltstadt des Wissens gilt.

Der Harvard-Campus in Cambridge ist 85 ha groß. Man erreicht den zentralen **Harvard Yard,** der von den ältesten Campus-Gebäuden umgeben ist, in aller Regel mit der U-Bahn (Red Line) und steigt an der Station Harvard aus. Nachdem man sich dort etwas umgesehen hat, sollte ein Besuch der 1915 eröffneten, imposanten und zentral gelegenen **Widener Library** nicht versäumt werden. Die Bibliothek beherbergt ungefähr 3,5 Mio. Bücher, die man größtenteils natürlich nicht zu sehen bekommt, dafür aber etwa das prachtvolle zentrale Treppenhaus und die zahlreichen Leseräume. Benannt ist das Gebäude nach Harry E. Widener, einem Opfer der Titanic-Katastrophe von 1912, dessen Mutter die Bibliothek nach seinem Ableben spendete.

Einen Besuch wert sind auch die **Harvard Art Museums** und hier wiederum insbesondere das auf moderne und zeitgenössische Kunst aus dem deutschsprachigen Raum spezialisierte **Busch-Reisinger Museum** mit Schwerpunkten auf der Wiener Secession, dem Expressionismus und dem Bauhaus. Darüber hinaus finden sich hier Werke von Joseph Beuys über Anselm Kiefer und Gerhard Richter bis Georg Baselitz. Weitere Sammlungen umfassen europäische, nordamerikanische und asiatische Kunst. Unmittelbar neben den Harvard Art Museums befindet sich der einzige von **Le Corbusier** entworfene Bau Nordamerikas, der das **Carpenter Center for Visual Arts** beherbergt – ein Muss für Architekturfans. Im Inneren hat man Zutritt zu einem hochinteressanten Buchladen,

dem Foyer und einer Galerie (aktuelle Ausstellungen siehe Website). Im Gebäude befindet sich u.a. auch das Harvard Film Archive mit angeschlossenem Kino (https://harvard filmarchive.org).

Das wenige Gehminuten nördlich des Harvard Yard gelegene **Harvard Museum of Natural History** bietet neben Wechselausstellungen u.a. eine Fossiliensammlung, eine zoologische Sammlung und eine umfangreiche Mineralienausstellung. Besonders berühmt sind jedoch die 4300 Glasblumen der Dresdner Glaskünstler Leopold und Rudolf Blaschka, hergestellt zwischen 1887 und 1936, die weltweit größte zusammenhängende Sammlung dieser Art.

› **Anfahrt:** U-Bahn (Red Line) bis Harvard, von dort sind alle Gebäude zu Fuß erreichbar

★**5** [ag] **Carpenter Center for the Visual Arts,** 24 Quincy St., Tel. 617 496 5387, https://carpenter.center, Di.–So. 12–17 Uhr, Eintritt frei

6 [ag] **Harvard Art Museums,** 32 Quincy St. (Hauptgebäude), Tel. 617 495 9400, www.harvardartmuseums.org, Di.–So. 10–17 Uhr, Eintritt frei (Voranmeldung auf der Website dennoch empfohlen)

7 [ag] **Harvard Museum of Natural History**, 26 Oxford St., Tel. 617 495 3045, https://hmnh.harvard.edu, täglich 9–17 Uhr, Eintritt $ 15 (bis 18 Jahren $ 10)

8 [ag] **Widener Library,** 1 Harvard Yard, Tel. 617 495 3650, https://library.harvard.edu/libraries, Öffnungszeiten der Library bzw. der einzelnen Leseräume siehe Website

Hier wird gerne gerudert: der Charles River mit dem Harvard Campus

Entdeckungen außerhalb

33 Jamaica Plain und Arnold Arboretum ★

Das an Fenway (s. S. 47) angrenzende **Jamaica Plain** (oft genannt „JP“) ist trotz fortschreitender Gentrifizierung immer noch eine der günstigeren Wohngegenden Bostons. Als sehr grünes Viertel beherbergt es das wunderschöne und weitläufige **Arnold Arboretum**, einen pittoresken, großen See und weitläufige Parks. Zahlreiche viktorianische Villen und Wohnhäuser aus Holz säumen die Straßen und entlang der beiden zentralen Straßen Centre Street bzw. South Street finden sich viele interessante kleine Cafés und Läden. Die bunte Bevölkerung setzt sich aus verschiedenen lateinamerikanischen Communities und vermehrt Hipstern zusammen, zudem ist die Gegend auch bei den Studierenden der vielen Hochschulen beliebt. JP ist darüber hinaus für seine große **LGBT+ Community** bekannt.

Das 1872 gegründete Arnold Arboretum der **Harvard University** 32 ist ein **Botanischer Garten der Superlative**, und das nicht nur aufgrund seiner enormen Ausmaße von 114 ha. Das Arboretum wurde von **Frederick Law Olmsted** gestaltet und ist seit 1965 als National Historic Landmark anerkannt. Durchzogen von kilometerlangen Wegen und Trails bietet er eine Vielzahl von Gärten und Landschaften mit Tausenden von Pflanzen- und Tierarten. Ein Höhepunkt ist die **Bonsai-Sammlung** mit bis zu 300 Jahre alten Exemplaren, die seit dem frühen 20. Jh. oft über Umwege aus Japan nach Boston gekommen sind. Die Bonsai & Penjing Collection befindet sich etwa 10 Gehminuten vom Haupteingang entfernt und ist je nach Wetter in etwa von April bis November zu bewundern.

Ganzjährig kann die imposante Sammlung von 210 verschiedenen **Nadelbaumarten** aus aller Welt besucht werden, die sich weiter südlich im Garten befindet. Besonders im Frühjahr und Herbst ist ein Besuch der **Apfelbaumsammlung** zu empfehlen, die mehr als 150 Sorten umfasst. **Andere spezielle Sammlungen** umfassen Rhododendren, Flieder, Rosen, Azaleen, Ahornbäume, aber auch thematische Landschaften wie etwa die **Cosmopolitan Meadow**, die als urbane Pflanzen- und Tierwelt mit Pionierpflanzen und älterem Baumbestand weitgehend sich selbst überlassen wird.

032bo-as

031bo-as

Ein Besuch des Arboretum bietet sich nicht nur für Pflanzeninteressierte an, sondern auch für einen Spaziergang zum Entspannen, der etwa mit einem Besuch des bunten Viertels Jamaica Plain verbunden werden kann.

› Der Haupteingang befindet sich bei der Adresse 125 Arborway, Tel. 617 524 1718, www.arboretum.harvard.edu, geöffnet täglich von Sonnenauf- bis Sonnenuntergang, Eintritt frei. Auf der Website findet sich eine interaktive Karte als Web-Applikation mit Pflanzenbeschreibungen. Geführte Touren für Gruppen oder privat sind ebenfalls möglich. Anfahrt: U-Bahn (Orange Line) bis zur Endstation Forest Hills.

Außen wie innen beeindruckend: das John F. Kennedy Museum

Bunte Wohnhäuser im In-Viertel Jamaica Plain

34 John F. Kennedy Library and Museum ★★★ [fl]

Hier werden – aus Sicht des ikonischen US-Präsidenten – die turbulenten 1960er-Jahre vom Civil Rights Movement bis zum Kalten Krieg wieder lebendig. Zudem bekommt man Einblick in den Werdegang und das Privatleben des Politikers, der bis heute als einer der beliebtesten und schillerndsten US-Präsidenten gilt.

Jeder Ex-Präsident der Vereinigten Staaten (bisher waren es ja nur Männer) wird einige Jahre nach seinem Wirken mit einem Museum samt angeschlossener Bibliothek geehrt, meist an oder in der Nähe seines Heimatorts. Im Falle John F. Kennedys sind das Boston und seine Umgebung.

Das höchst eindrucksvolle Museum über Leben und Wirken von JFK steht im südlichen Stadtteil Dorchester und hat wenig überraschend seine Rolle im **Kalten Krieg** im Fokus, insbesondere in der **Berlin- und der Kubakrise,** aber auch in Zusammenhang mit dem **Civil Rights Movement** sowie dem wesentlich von JFK angeschobenen **Raumfahrtprogramm der NASA.** Zahlreiche Original-Ausstellungsstücke von Film- und Tondokumenten bis hin zu Möbeln und Textilien sind zu bewundern, u.a. auch ein Segment der Berliner Mauer. Außer der Dauerausstellung werden zudem auch **Wechselausstellungen mit aktuellem Kontext** geboten.

Untergebracht ist das Museum in einem an sich schon sehenswerten, von I.M. Pei entworfenen und 1979 eingeweihten Bau am Meer mit herrlicher Sicht über das Wasser und die Stadt. Neben den Ausstellungen finden sich hier eine kleine Cafeteria und ein Museumsshop.

› Columbia Point, www.jfklibrary.org, Tel. 617 514 1600, täglich 10–17, letzter Einlass 15.30 Uhr, Eintritt $ 18 (unter 18 Jahren $ 10). Vorabreservierung via Website empfohlen. Anfahrt: U-Bahn (Red Line) bis JFK/UMass, von hier mit dem Bus (Linie 8) oder in etwa 20 Minuten zu Fuß zum Museum.

35 Boston Harbor Islands National Park ★

Kaum jemand kommt wohl in erster Linie für ein Naturerlebnis nach Bosten, doch die Stadt hat auch in dieser Hinsicht sehr viel zu bieten. Neben den vom Boston Harbor ausgehenden Whale-Watching-Touren (s. S. 120) oder dem Arnold Arboretum 33 sind dies insbesondere die unter Nationalparkverwaltung stehenden Boston Harbor Islands, **34 Inseln und Halbinseln,** die sich auf einer Fläche von 130 km² im Atlantik östlich des Boston Harbor befinden. Sie warten mit maritimen Naturlandschaften, Leuchttürmen, Forts und Festungen sowie einem tollen Ausblick auf die Skyline Bostons auf. Im Sommer werden Erlebnistouren wie Picknickausflüge, Insel-Yoga, historische Wanderungen und Sunset Cruises angeboten. Selbstverständlich lassen sich die Inseln auch auf eigene Faust erkunden.

Während die vier Halbinseln des Parks mit öffentlichen Verkehrsmitteln zu erreichen und ganzjährig geöffnet sind, sind von den Inseln nur wenige und diese nur im Sommer mit öffentlichen Fähren von Boston aus zugänglich. Andere Inseln des Parks dürfen aus Gründen des Umweltschutzes überhaupt nicht betreten werden. **Spectacle Island** (Fahrtzeit 30 Min.) und **Georges Island** (Fahrtzeit 50 Min.) werden am häufigsten frequentiert. Während beide Wander- und Picknickmöglichkeiten sowie ein Visitor Center bieten, hat man von Spectacle aus (nomen est omen) den besten Ausblick auf die Skyline Bostons. Die Hauptattraktion von Georges Island ist **Fort Warren,** eine im 19. Jh. erbaute fünfeckige Bastion aus Granit, die den Hafen Bostons gegen feindliche Eindringlinge schützen sollte. Vom Bürgerkrieg bis nach dem Zweiten Weltkrieg hatte das Fort verschiedene Rollen: etwa als Trainingsgelände, als Gefängnis für Kriegsgefangene oder als Lagerort für das Militär. Seit 1947 ist es außer Dienst gestellt und heute eine Touristenattraktion.

› Tel. 617 223 8666, http://bostonharborislands.org, Fähren starten am Long Wharf North beim Aquarium 11. Aktuelle Abfahrtzeiten auf der Website, im Sommer täglich vier bis sieben Abfahrten zu beiden Inseln, Tickets $ 25 (unter 12 Jahren $ 18) hin und zurück.

006bo-as

Boston für Kunst- und Museumsfreunde

Museumsliebhaber und Kunstinteressierte haben in Boston die Qual der Wahl. Die Stadt bietet eine **einzigartige Museumslandschaft**, die sich vielfältigen Themen beschäftigt. An der **Avenue of the Arts** 27 stehen weltbekannte Kunsttempel aneinandergereiht, im **SoWa Art & Design District** 26 kann man durch unzählige Studios und Galerien schlendern, Geschichte und Politik des 20. Jahrhunderts haben im **John F. Kennedy Museum** 34 ihr Zuhause, während entlang des **Black Heritage Trail** (s. S. 40) und des **Freedom Trail** (s. S. 12) in der Innenstadt die Geschichte an Originalschauplätzen zum Leben erweckt wird. Darüber finden sich beispielsweise Museen zur Stadt- und Sozialgeschichte, zur Medizingeschichte oder zur Technikgeschichte. Kaum vorstellbar, dass hier Wünsche offenbleiben.

Galerien finden sich ebenfalls über die gesamte Stadt verteilt, allerdings mit zwei Schwerpunkten: Einer ist im **SoWa Art & Design District** 26, der zweite in der **Newbury Street** [A5–C4] unweit des Public Garden 1.

Museen

M9 [G4] **Boston Children's Museum,** 308 Congress St., Tel. 617 426 6500, www.bostonchildrensmuseum.org, im Sommer täglich 9–12 und 13.30–16.30, ansonsten Mi.–So. 9–16 Uhr, Eintritt $ 22. Ein absolutes Muss für Familien auf Boston-Besuch. Bereits seit über 100 Jahren zieht das Kindermuseum Besucher in seinen Bann. Geboten werden neben vielen anderen Attraktionen ein Kunst- und ein Bastelstudio, eine Bühne für Tanz und Theater, ein Balancegarten und ein Dinosaurier-Erkundungsstudio sowie viele Spielplätze. Reservierung via Website dringend empfohlen.

M10 [G5] **Boston Fire Museum,** 344 Congress St., Tel. 617 338 9700, https://bostonsparks.org, nur Sa. 10–16 Uhr, Eintritt frei. Museum zur Geschichte der Feuerwehr mit Fahrzeugen, Equipment, Bildern und Dokumenten.

12 [G4] **Boston Tea Party Ships and Museum.** Nachbauten der britischen Handelsschiffe und ein Museum, das den Beginn der US-amerikanischen Revolution thematisiert (s. S. 31).

M11 [F4] **BSA Space,** 290 Congress Street/Suite 200, Tel. 617 391 4000, www.architects.org/exhibitions bzw. www.architects.org/about/bsa-space/visit, Mo.–Fr. 9–17 Uhr, Eintritt $ 5. Hochinteressante Wechselausstellungen der Boston Society of Architects zu aktuellen Themen der Stadtplanung und Architektur.

19 [dg] **Bunker Hill Monument und Museum.** Originalschauplatz der berühmten Schlacht des Unabhängigkeitskriegs mit zugehörigem Museum (s. S. 38).

M12 [el] **Commonwealth Museum,** 220 Morrissey Blvd., Tel. 617 727 9268, www.sec.state.ma.us/mus, Mo.–Fr. 9–17 Uhr, Eintritt frei. Museum zur Geschichte von Massachusetts, neben der Dauer- auch Wechselausstellungen. Befindet sich im offiziellen Archivgebäude des Staats in unmittelbarer Nähe des John F. Kennedy Museums.

◁ Vorseite: Die Boston Public Library 25 ist unbedingt einen Besuch wert

▷ Die USS Constitution 18 ist das älteste noch schwimmende Kriegsschiff der Welt

13 [C4] **Gibson House Museum,** 137 Beacon St., Tel. 617 267 6338, www.thegibsonhouse.org, nur geführte Touren, dreimal täglich (Zeiten siehe Website), vorab über Website buchen, Eintritt $ 15 (unter 12 Jahren $ 5). Einzigartiges Beispiel bürgerlicher Wohnkultur im Boston des 19 Jh. 1860 als eines der ersten Häuser in der Back Bay im Stil der Neorenaissance errichtet, blieb es über Jahrzehnte quasi unberührt in Familienbesitz. Bis heute ist es im Originalzustand zu bewundern – bis hin zu den Tapeten und dem Nippes der ehemaligen Eigentümer.

› **Harvard Art Museums** (s. S. 55). Mehrere Kunstsammlungen auf dem Campus der berühmten Harvard University.

› **Harvard Museum of Natural History** (s. S. 55). Naturwissenschaftsmuseum, das u. a. eine Fossiliensammlung, eine zoologische Sammlung und eine Mineralienausstellung zeigt.

13 [H4] **Institute of Contemporary Art.** Beeindruckendes Gebäude am Hafenrand mit viel Raum für Darstellende und Bildende Kunst (s. S. 32).

29 [bk] **Isabella Stewart Gardner Museum.** Malerei und Skulpturen in einem venezianischen Neorenaissance-Palazzo einer exzentrischen Sammlerin (s. S. 49).

34 [fl] **John F. Kennedy Library and Museum.** Museum zu dem ikonischen US-Präsidenten und zum Kalten Krieg (s. S. 57).

14 [bk] **MAAM,** https://maam.massart.edu, 621 Huntington Ave., Tel. 617 879 7333, aktuelle Öffnungszeiten siehe Website, Eintritt frei. Wechselausstellungen des Massachussetts College of Art and Design, wo vor allem Werke ehemaliger Studierender gezeigt werden.

› **MIT Museum** (s. S. 54). Hochinteressantes Museum zum Massachusetts Institute of Technology 31 und seiner Geschichte, aber auch zu diversen weiteren Themenbereichen.

075bo ©travelview, stock.adobe.com

20 [D3] **Museum of African American History & The African Meeting House.** Museum über die afroamerikanische Geschichte Bostons und der USA (s. S. 39).

28 [bk] **Museum of Fine Arts.** Eines der bedeutendsten Kunstmuseen der Welt (s. S. 48).

22 [C1] **Museum of Science.** Naturwissenschaftliches Museum mit einer enormen Bandbreite an Themen (s. S. 42).

6 [F3] **Old State House Museum.** Das Museum im ehemaligen Sitz der britischen Kolonialbehörden beherbergt Multimediapräsentationen, Schautafeln, Modelle und Karten zur Revolution, originale Waffen und Gerätschaften, Uniformen, aber auch eine Ausstellung zur Erhaltungs- und Renovierungsgeschichte des Gebäudes (s. S. 21).

16 [F2] **Paul Revere House.** Originalwohnhaus des Revolutionärs (s. S. 35).

15 [D2] **Paul S. Russell, MD Museum of Medical History and Innovation,** 2 North Grove St., Tel. 617 724 8009, www.massgeneral.org/museum, Di.–Fr. 10–14 Uhr, Apr.–Okt. auch Sa.

11–16 Uhr, Eintritt frei. Dauerausstellung zur Medizingeschichte und Wechselausstellungen im Obergeschoss. Herrlicher Ausblick auf Beacon Hill vom ganzjährig geöffneten Dachgarten.

16 [ag] **Peabody Museum of Archeology & Ethnology,** 11 Divinity Ave., Tel. 617 496 1027, https://peabody.harvard.edu, täglich 9–17 Uhr, Eintritt $ 15 (bis 18 Jahre $ 10). Museum der Harvard University mit zahlreichen Wechselausstellungen zur Menschheitsgeschichte weltweit, basierend auf einem enormen Fundus von ca. 1,2 Millionen Artefakten und rund 500.000 Fotografien. Kann gut mit einem Besuch des Campus 32 bzw. anderer Harvard-Museen kombiniert werden.

17 [E1] **The Sports Museum,** TD Garden/100 Legends Way, Tel. 617 212 6814, www.sportsmuseum.org, täglich 12–17 Uhr (an Spieltagen geschlossen, s. Website), Eintritt $ 20 (bis 18 Jahre $ 10). Die Geschichte des Profisports in Boston, untergebracht im Heimstadion der Bruins (Eishockey) und der Celtics (Basketball), zum Leben erweckt anhand Tausender Memorabilien. Der Eintritt beinhaltet eine geführte Tour. Keine Reservierung möglich.

18 [E1] **The West End Museum,** 150 Staniford St., Tel. 617 723 2125, https://thewestendmuseum.org. Hochinteressantes Museum zum West End, das zwischen 1958 und 1960 im Zuge eines Stadterneuerungsprojektes komplett abgerissen und neu bebaut wurde, inkl. Kontextualisierung in Bezug auf die landesweiten Entwicklungen Mitte des 20. Jh. Aufgrund von Renovierung noch **bis Frühling 2024 geschlossen,** neue Öffnungszeiten s. Website.

18 [eg] **USS Constitution und Museum.** Hier wird die über 200-jährige Geschichte der USS Constitution, aber auch die des **Charlestown Navy Yard** behandelt (s. S. 37).

Kunstgalerien

› **Alpha Gallery,** 450 Harrison St. #55, SoWa Art & Design District 26, Tel. 617 536 4465, www.alphagallery.com, Mi.–Fr. 12–18 Uhr und nach Vereinbarung. Zeitgenössische Kunst gemischt mit Werken von Meistern des 20. Jh. Die Galerie besteht seit 1967.

19 [D6] **Boston Sculptors Gallery,** 486 Harrison Ave., Tel. 617 482 7781, www.bostonsculptors.com, wechselnde Öffnungszeiten (siehe Website). Bildhauerei-Kooperative aus Boston und Neuengland. Neben Ausstellungen auch zahlreiche Artist Meet and Greets bzw. Diskussionsrunden.

20 [aj] **Boston University Art Galleries (1),** 855 Commonwealth Ave., Tel. 617 353 3329, www.bu.edu/art, Di.–So. 12–17 Uhr (sowie oft Veranstaltungen am Abend). Die Boston University beherbergt interessante Ausstellungsorte mit ständig wechselnden Kunstausstellungen und auch Diskussionsrunden mit Künstlerinnen und Künstlern. Zugehörige Galerie:

21 [aj] **Boston University Art Galleries (2),** 808 Commonwealth Ave., Di.–So. 12–17 Uhr

› **Bromfield Gallery,** 450 Harrison Ave. #27, SoWa Art & Design District 26, Tel. 617 451 3605, www.bromfieldgallery.com, Mi.–So. 12–17 Uhr. Die direkt von Kunstschaffenden betriebene Galerie besteht seit 1975.

22 [B5] **Copley Society of Art,** 158 Newbury St., Tel. 617 536 5049, https://copleysociety.org, Di.–Sa. 11–17 Uhr oder nach Vereinbarung. Traditionsreiche Non-Profit-Kunstvereinigung seit 1879, sehr breites Ausstellungsspektrum.

23 [C4] **Galerie d'Orsay,** 33 Newbury St., Tel. 617 266 8001, www.galerie-dorsay.com, täglich 10–18 Uhr (So. ab 12 Uhr). D'Orsay verkauft Kunstobjekte aus aller Welt und sechs Jahrhunderten, breiter und internationaler Fokus.

24 [C4] **Gallery NAGA,** 67 Newbury St., Tel. 617 267 9060, www.gallerynaga.com, Di.–Sa. 10–17 Uhr. Galerie für zeitgenössische Kunst aus Neuengland, die seit 1977 besteht.

› **Kingston Gallery,** 450 Harrison Ave. #43, SoWa Art & Design District 26, Tel. 617 423 4113, www.kingstongallery.com, Mi.–So. 12–17 Uhr (oder nach Vereinbarung). Zeitgenössische Kunst aus Neuengland.

25 [C4] **Krakow Witkin Gallery,** 10 Newbury St., Tel. 617 262 4490, www.krakowwitkingallery.com, Di.–Sa. 10–17.30 Uhr. Fokus auf minimalistischer und Konzeptkunst.

26 [ck] **NU Gallery 360,** 360 Huntington Ave., Tel. 617 373 2000, https://calendar.northeastern.edu/gallery_360, Mo.–Sa. 10–19 Uhr. Galerie of Visual Arts der Northeastern University mit Werken von Studierenden, Lehrenden und Alumni.

27 [C4] **Robert Klein Gallery,** 38 Newbury St./Fourth Floor, Tel. 617 267 7997, www.robertkleingallery.com, wechselnde Öffnungszeiten (s. Website). 1980 eröffnete Fotogalerie in der Back Bay mit zeitgenössischen und historischen Werken.

28 [dk] **ShowUp,** 521 B Harrison Ave., Tel. 857 277 1700, www.showupinc.org, Do.–Sa. 12–17, So. 11–16 Uhr, sonst nach Vereinbarung. Arbeiten von Kunstschaffenden aus aller Welt. Auch Mentorenprogramme, Career Coaching und Portfolio Reviews.

29 [E6] **Soprafina Gallery,** 55 Thayer St., Tel. 617 728 0770, http://soprafina.com, Do.–Sa. 12–17 Uhr. Zeitgenössische Malerei und Bildhauerei, insbesondere aus Boston und Neuengland.

30 [B5] **Vose Galleries,** 238 Newbury St., Tel. 617 536 6176, www.vosegalleries.com, Mo.–Fr. 9.30–17.30, Sa. ab 10 Uhr). Als Familienbetrieb in der 6. Generation wohl die älteste Galerie Bostons. Spezialisiert auf realistische US-Malerei des 18. bis frühen 20. Jh.

Boston für Genießer

Essen und Trinken

Das kulinarische Angebot Bostons ist **außerordentlich vielfältig.** Zum einen gibt es natürlich klassische US-amerikanische Esskultur, von Sandwiches über Burger bis hin zum Steak. Darüber hinaus haben immer schon Einwanderergruppen dazu beigetragen, dass auch kulinarisch für Vielfalt gesorgt ist. Das spiegelt sich weniger in (scheinbar) „authentischen" Landesküchen, sondern vielmehr in dem Zusammenspiel aus Alt und Neu, aus West und Ost oder Nord und Süd und aus Gegensätzlichem. Auf dem Teller oder in der Schale harmonieren diese Einflüsse aus verschiedenen Kontinenten meist unheimlich gut miteinander. Kurzum: Natürlich gibt es „den Vietnamesen" oder „den Italiener", bei denen man bekommt, was man erwarten würde. Oft darf man aber immer auch mit Überraschungen rechnen, denn exzellente Fusion-Restaurants sind zahlreich.

Günstig und überall zu haben ist deftiges **bar food:** Burger und Sandwiches in allen Variationen und Frittiertes jeglicher Art. Frittiert wird wirklich alles, was Koch und Köchin in die Finger bekommen, von Gemüse und Käse über Essiggurken bis hin zu Geflügel, Fisch und natürlich Kartoffeln *(fries).* Traditionell werden die frittierten Kalorienbomben in *baskets* (kleinen Körben) mit Dips serviert. Das ist zwar nicht immer gesund, aber meistens sehr lecker.

Angesagt sind in Boston *seafood* und die spezifische **Neuengland-Küche,** von *clam chowder* (sämige Muschelsuppe) über *oysters* (Austern) bis zum *lobster* (Hummer), klassisch

Gastro- und Nightlife-Areale

Bläulich hervorgehobene Bereiche in den Karten kennzeichnen Gebiete mit einem dichten Angebot an Restaurants, Bars, Clubs, Discos etc.

serviert mit zerlassener Butter und gekochtem Maiskolben. Auch **Steak-Restaurants** der Spitzenklasse gibt es in Boston einige und oft wird das zarte, abgehangene Steak in Kombination mit hochklassigem *seafood* serviert, z. B. mit *lobster* („Surf and Turf").

Die **New American Cuisine** ist eine junge, innovative Spielart der klassischen amerikanischen Küche, die Einflüsse aus aller Welt mit amerikanischen Küchentraditionen kombiniert. Die Szene legt nicht nur Wert auf Kreativität und gesünderes Essen, sondern auch auf Regionalität und Nachhaltigkeit.

Auch die enorme Bandbreite an verschiedenen ethnischen Einflüssen spiegelt sich im Kochtopf wider. Die größte Einwanderergruppen der letzten Jahrzehnte kamen aus Zentral- und Südamerika, dementsprechend ist **lateinamerikanische Kochkunst** (weit über Tex-Mex-Küche hinaus) in Boston stark vertreten. Besonders populär sind unter anderem *fajitas, tamales, tacos, enchiladas, nachos* oder *burritos*. In Chinatown findet sich eine unüberschaubare Vielzahl an Restaurants, die **ostasiatische Küche** in allen Variationen bieten. Von den europäischen Einwanderergruppen hat insbesondere die **italienische Küche** tiefe kulinarische Spuren hinterlassen, die man vor allem im North End genießen kann.

Ähnlich variantenreich liest sich die **Getränkekarte.** Erwähnenswert sind vor allem Bostons zahlreiche Brauereien, die das örtlich gebraute **Craftbeer** in meist trendiger und modern anmutender Atmosphäre ausschenken. **Wein** ist ebenfalls sehr populär, hier wird insbesondere auf kalifornische oder importierte Tropfen zurückgegriffen. Amerikanische **Cocktails** sind legendär: Selbst in einfachen Bars wird eine enorme Bandbreite in einer Qualität serviert, von der man in Europa oft nur träumen kann. **Kaffeespezialitäten** werden in immer vielfältigeren und ausgefalleneren Varianten serviert, auch die Zahl der *coffee shops,* die vor Ort selbst rösten, nimmt ständig zu.

036bo-as

Im Restaurant

Zu Abend gegessen wird früh, überwiegend **zwischen 18 und 20 Uhr.** Nach 22 bzw. 23 Uhr ist es selbst in der Großstadt nicht mehr so leicht, noch etwas Essbares aufzutreiben. Fündig wird man dann in erster Linie in beliebten Ausgehvierteln.

In Restaurants muss man in der Regel warten, bis einem ein **Tisch zugewiesen** wird. Ist das nicht der Fall, wird meist durch ein Schild extra darauf hingewiesen („Please seat yourself"). Ist das Lokal voll, sollte man nach der **Wartezeit** fragen, die durchaus bis zu eine Stunde oder mehr betragen kann. Vor allem bei angesagten Italienern im North End sind lange Schlangen selbst unter der Woche keine Seltenheit. Da Amerikaner früh zu Abend essen, kann man Wartezeiten eher vermeiden, wenn man später diniert. **Reservierungen** sind insbesondere am Wochenende und bei beliebten Restaurants unbedingt zu empfehlen.

Tipp: **Plätze an der Bar** können meist direkt angesteuert werden. Falls man sie nicht vom Eingang aus selbst überblicken kann, sollte man fragen, ob dort Platz ist. Meistens ist auch an der Bar die gesamte Speisekarte bestellbar.

Grundsätzlich bekommt der Gast noch vor der Bestellung ein Glas **Leitungswasser** *(tap water)* serviert. Falls das Wasser nicht automatisch kommt, kann man ohne Bedenken danach fragen – kostenloses Leitungswasser ist in den USA Standard und man wird keine schiefen Blicke ernten.

◁ *Auch das gibt es in zentraler Lage: einfache Restaurants, die Pizza und Sandwiches anbieten*

Preiskategorien

Die angegebenen Preise beziehen sich auf ein Hauptgericht ohne Getränke und ohne Trinkgeld. Mittagessen ist dank eines *lunch menu* oft preiswerter.

$	unter ca. $ 10
$$	ca. $ 10–$ 20
$$$	über $ 20

Am Ende der Mahlzeit sollte man das **Trinkgeld** *(tip, gratuity)* nicht vergessen: bei Zufriedenheit ca. 20 % und zwar unabhängig von der Höhe der Rechnung. Achtung: Nach der Coronapandemie sind nicht nur die Restaurantpreise explodiert – der neueste Schrei in hippen Restaurants sind zum Beispiel Dosensardinen aus Europa für sagenhafte $ 20 –, sondern es ist in den USA zurecht auch von einer „Tipflation" die Rede. Mehr als 20 % Trinkgeld sind jedoch keinesfalls nötig und auch nicht angebracht, bei Take-out oder Selfservice entschieden weniger. Außerdem Vorsicht vor **zusätzlichen Gebühren** *(fees)*: Besonders absurd ist etwa die nun aufkommende *kitchen appreciation fee,* die pauschal auf die Rechnung aufgeschlagen wird. Es empfiehlt sich, auch das Kleingedruckte auf der Speisekarte immer genau zu lesen!

Empfehlenswerte Lokale

Amerikanische Küche

31 [E4] **Archie's New York Deli** $, 101 Arch St. 150, Tel. 617 330 5145, www.archiesnydeli.com, Mo.–Fr. 5.30–14.30 Uhr. Der Name ist Programm: Frühstück, Lunch Sandwiches, Omeletts, Salate, Kaffee und Softdrinks. Ohne Schnickschnack, gut und günstig, Anlaufpunkt für Frühaufsteher.

MEINE TIPPS

Dinner for one

Generell ist es für ein Essen allein **an der Bar** (falls vorhanden) immer zwangloser. Besonders geeignet für Alleinreisende sind z. B. die Filialen des **Caffè Nero** (s. S. 71), das **Caffè Vittoria** (s. S. 71) oder der **Boston Public Market** (s. S. 80) für Frühstück und Lunch. Mittags lässt es sich allein auch im **Hokkaido Ramen Santouka Back Bay** (s. S. 68) gut sitzen. Für den Abend empfiehlt sich etwa ein Platz an der Bar in den zahlreichen **Brauereien** (s. S. 72) oder ein kleiner Tisch in den **italienischen Restaurants** des North End (s. S. 70).

Lokale mit guter Aussicht

- **My Thai Vegan Cafe** (s. S. 69): Von den Fensterplätzen im ersten Stock hat man eine interessante Aussicht auf das Treiben in den Straßen Chinatowns.
- Bostons weiteste Fernsicht bieten die **Stratus Bar** bzw. das **Beacon Restaurant** von View Boston im Prudential Center (s. S. 80).

32 [A5] **Asta** $$$, 47 Massachusetts Ave., Tel. 617 585 9575, www.astaboston.com, wechselnde Öffnungszeiten. Restaurant in der Back Bay, das 5- bis 8-gängige Menüs der Extraklasse aus regionalen und frischen Zutaten serviert. Was auf den Tisch kommt, variiert von Tag zu Tag. Mit New American Cuisine lässt sich das Angebot wohl noch am besten beschreiben. Reservierung notwendig.

- **Bagel Guild** $-$$, im Boston Public Market (s. S. 80), www.bagelguild.com, Mo.–Sa. 8–16, So. 10–16 Uhr. Hervorragende Bagels, vor Ort in einer Vielzahl von Variationen in dampfenden Kesseln hergestellt und mit edlen Zutaten belegt.

33 [C5] **Grill 23 & Bar** $$$, 161 Berkeley St., Tel. 617 542 2255, https://grill23.com, Mo.–Do. 17–22, Fr., Sa. 17–22.30, So. 17–21 Uhr. Klassisches amerikanisches High-End-Steakhaus mit großer Auswahl, dazu Meeresfrüchte, Beilagen (von Mac & Cheese bis Crispy Hash Browns), Suppen und Salaten.

34 [fg] **Kelley Square Pub** $-$$, 84 Bennington St., Tel. 617 567 4627, www.kelleyssquarepub.com, täglich 11.30–1 Uhr. Dieses kleine Restaurant in East Boston, nur wenige Gehminuten von der U-Bahn-Station Airport entfernt, ist günstig und gut. Die Speisekarte bietet gut zubereitete Klassiker, auch Seafood (der frittierte Tintenfisch ist ebenso gut, aber nur halb so teuer wie im North End). Nette Atmosphäre, kaum Touristen.

35 [D5] **Mike & Patty's** $, 12 Church St., www.mikeandpattys.com, täglich 7.30–14 Uhr. Frühstück und Lunch, qualitativ hochwertige Sandwiches, nur Take-out. Lokale Kette, weitere Filialen siehe Website.

36 [E3] **Mooo.... Beacon Hill** $$$, 15 Beacon St., Tel. 617 670 2515, https://mooorestaurant.com, Mo.–Do. 17.30–21, Fr., Sa. 17.30–22, So. 17.30–20.30 Uhr. Für den besonderen Abend: erstklassiges Steakhouse, Produkte mit Herkunftsbezeichnung, traditionelle Beilagen mit modernem Twist, große Weinauswahl. Auch für Frühstück (tgl. 7–10.30 Uhr) und Lunch (tgl. 11–13.30 Uhr) geöffnet. Filiale im Seaport District:

37 [G5] **Mooo.... Seaport** $$$, 49 Melcher Street, Mo.–Do. 17.30–21, Fr., Sa. 17.30–22, So. 17.30–20.30 Uhr

38 [F2] **Pauli's** $, 65 Salem St., Tel. 857 284 7064, www.paulisnorthend.com, Mo.–Fr. 8–21, Sa. 10–21, So. 10–17 Uhr. Klassischer italo-amerikanischer Sandwich-Shop im North End, bekannt für reichlich belegte Subs und Wraps. Auch eine hauseigene Variante der Neuengland-typischen Lobster Roll darf natürlich nicht fehlen. Bekannt durch mehrere Fernsehauftritte, u. a. bei dem in den USA äußerst populären Guy Fieri.

39 [F1] **Theo's Cosy Corner** $-$$, 162 Salem St., Tel. 617 241 0202, täglich 6–15 Uhr. Nettes Eckcafé für Frühstück und Lunch im North End. Der Besitzer stammt aus Brasilien, es gibt amerikanische Gerichte mit brasilianischem und italienischem Einschlag. Interessant und günstig.

Fisch und Seafood

40 [G2] **Boston Sail Loft** $$, 80 Atlantic Ave., Tel. 617 227 7280, www.thebostonsailloft.com, täglich 11.30–22 Uhr (Bar bis 2 Uhr morgens). Direkt am Wasser gelegen. Neuengland-typisches Seafood von Clam Chowder bis Lobster, aber auch Burger und Sandwiches, dazu Craftbeer, Wein und Cocktails. Trotz zentraler Lage nachbarschaftliche und rustikale Atmosphäre, hier wird es zu fortgeschrittener Stunde gesellig und laut. Keine Reservierung möglich.

41 [B5] **Luke's Lobster Back Bay** $$-$$$, 75 Exeter St., Tel. 857 350 4626, https://lukeslobster.com/pages/backbay, täglich 11–20 Uhr. New England Lobster Rolls vom Feinsten. Luke's hat seine Wurzeln in Maine, heute gibt es Filialen in Nordamerika und Asien.

42 [F2] **Neptune Oyster** $$$, 63 Salem St., Tel. 617 742 3474, www.neptuneoyster.com, So.–Do. 11–21.30, Fr., Sa. 11–22.30 Uhr. Von außen unscheinbar, von innen hui: spektakulär gutes Seafood in klassischer Atmosphäre. Seeigel, frische Jakobsmuscheln in der Schale, fangfrischer Fisch aus dem Atlantik oder Austern (etwa zwei Dutzend zur Auswahl). Dazu italienisch inspirierte Vorspeisen und eine große Weinauswahl. Keine Reservierungen.

43 [D4] **Ostra** $$$, 1 Charles St. South, Tel. 617 421 1200, http://ostraboston.com, Mo.–Do. 17.30–21, Fr., Sa. 17.30–22, So. 17.30–20.30 Uhr, die Bar ist etwas länger geöffnet. Feines Seafood- und Fischrestaurant mit Einflüssen insbesondere aus Neuengland und dem Mittelmeerraum. Das Angebot reicht von der frischen Auster bis zum Wolfsbarsch. Für Fischmuffel gibt es auch Steak.

44 [G5] **Row 34** $$$, 383 Congress St., Tel. 617 553 5900, www.row34.com/boston, Mo.–Sa. 11.30–22, So. 11.30–21 Uhr. Die Karte wechselt dreimal am Tag: Lunch, Mid-Day, Dinner. Große Auswahl an Austern, Seafood Bowls, Seafood-Sandwiches und Frittiertes, abends gibt es große Portionen, die von den Küchen aus aller Welt inspiriert sind. Dazu gibt es eine gute Weinkarte und frisch gezapftes Bier.

037bo-as

Am Fish Pier: Fisch und Seafood sind zentrale Bestandteile von Neuenglands Küche

45 [J5] **Yankee Lobster** $$-$$$, 300 Northern Ave., Tel. 617 345 9799, https://yankeelobster.co, Mo.-Do. 11.30-20.30, Fr., Sa. 11.30-21, So. 11.30-19.30 Uhr. Frisches Seafood zu relativ günstigen Preisen seit 1950, angeschlossen an einen Seafood-Großhandel. Selbstbedienung, wenige Plätze innen, Tische im Freien. Erfrischendes Überbleibsel im sonst so polierten Seaport District.

Ostasiatische Küche

46 [E3] **Banh Mi Ok** $, 44 School St., Tel. 781 378 4022, Mo.-Sa. 11-17 Uhr. Von Kalifornien aus eroberten die vietnamesischen Banh Mi Sandwiches in den 1980er-Jahren die USA und die Welt. In Boston gibt es sie bei Banh Mi Ok direkt am Freedom Trail, auch vegetarische und vegane Varianten. Falls der kleine Laden voll ist: Draußen vor Boston's Old City Hall gibt es öffentlich zugängliche Tische und Stühle.

47 [E5] **Dynasty** $, 14a Hudson St., Tel. 617 603 8796, Mo.-Do. 10-22, Fr.-So. 9-22 Uhr. Kantonesische Küche in einem erst 2023 eröffneten Restaurant nahe dem Chinatown Gate. Dim Sum vom Feinsten!

48 [A5] **Hokkaido Ramen Santouka Back Bay** $$, 66 Hereford St., Tel. 857 310 5194, https://santouka-usa.com, Mo.-Do. 11-21, Fr.-So. 11-21.30 Uhr. Japanische Kette, spezialisiert auf erstklassige Ramen. Diese Filiale ist relativ klein, etwas Warten lohnt auf jeden Fall.

49 [F2] **Kala Thai Cookery** $$, 151 Hanover St., Tel. 857 350 4378, www.kalaboston.com, Mo., Mi.-Sa. 11.30-21, So. 12-21 Uhr. Innovatives Thai Food direkt am Freedom Trail. Diverse Klassiker mit Twist sowie Eigenkreationen in einem kleinen Laden mit etwa 20 Sitzplätzen. Wenn es voll ist, bietet es sich bei schönem Wetter an, das Essen mit in den benachbarten Greenway-Park **10** zu nehmen.

50 [D6] **Myers + Chang** $$, 1145 Washington St., Tel. 617 542 5200, www.myersandchang.com, täglich 16-21, Fr.-So. auch 11.30-14.30 Uhr. Leckere ostasiatische Fusionsküche von Thai bis Vietnamesisch mit westlichem Einschlag.

51 [E4] **New Golden Gate Seafood** $$, 66 Beach St., Tel. 617 338 7721, https://newgoldengateseafood.com, Mi.-Mo. 11.30-4, Di. 11-23 Uhr. Sehr gute Gerichte mit frischen Zutaten zu vergleichsweise günstigen Preisen in Oldschool-Atmosphäre. Seit mehr als 20 Jahren unter den Einheimischen sehr beliebt. Neben diversem Seafood auch Fleisch, inklusive eher Exotischem von Frosch bis Innereien, und vegetarische Optionen. Direkt am Chinatown Gate, geöffnet bis tief in die Nacht.

52 [A5] **Uni** $$$, 370A Commonwealth Ave. (im Eliot Hotel), Tel. 617 536 7200, https://uni-boston.com, So.-Do. 17.30-21, Fr., Sa. 17.30-22 Uhr. Japanisches Restaurant in der Back Bay mit großer Auswahl an Sushi, Sashimi und Nigiri, aber auch an Fleisch- und warmen Seafood-Gerichten. Dazu erstklassige Cocktails.

53 [E3] **Zen Restaurant** $$, 21A Beacon St., Tel. 617 371 1230, www.zensushibar.com, Mo.-Do. 11.30-21.30, Fr., Sa. 11.30-22.30, So. 12-21.30 Uhr. Japanischer Grill und Sushibar mit gemütlicher Atmosphäre. Die Spezialität des Hauses ist Maki, neben zahlreichen Sushi-Variationen gibt es Bowls, Suppen sowie Nudeln und Reisgerichte. Viele vegetarische Optionen, günstige Preise.

Vegetarische oder vegane Küche? In Boston kein Problem!

MEINE TIPPS

Lecker vegetarisch und vegan

Für Vegetarier und Veganer ist in Boston hervorragend gesorgt. Praktisch jedes Restaurant bietet fleischlose Optionen an, es gibt aber auch auf vegetarische und vegane Gerichte spezialisierte Gastronomie.

Eine größere Auswahl an fleischlosem Frühstück und Lunch gibt es in den zahlreichen **Cafés** (s. S. 71) sowie z. B. auch im **Mike & Patty's** (s. S. 66) oder bei der **Bagel Guild** (s. S. 66). Alle vorgeschlagenen **ostasiatischen Restaurants** (s. S. 68) haben vegetarische und zum Teil auch vegane Optionen (manchmal auf einer separaten Speisekarte). Das **Blue Nile** (s. S. 71) bietet überwiegend Vegetarisches und Veganes. Ausschließlich vegetarisch bzw. vegan sind folgende Restaurants:.

54 [C4] **Beatnic Vegan Restaurant** $$, 399 Boylston St., Tel. 212 290 8000, www.eatbeatnic.com, täglich 11–22 Uhr. Die kleine Kette aus New York mit ihrer ersten Filiale in Bostons Back Bay. Bowls, Burgers, Sandwiches, Wraps und einiges aus der Fritteuse. Nicht alles gesund, aber 100 % vegan.

55 [E3] **Clover Food Lab** $$, 27 School St., Tel. 617 865 1435, www.cloverfoodlab.com, Mo.–Sa. 7–20, So. 8–16 Uhr. Fleischlose, regionale Fastfoodkette mit vegetarischen und veganen Gerichten. Interessante Sandwichkreationen mit vielen lokalen Zutaten. Weitere Filialen s. Website.

56 [E4] **My Thai Vegan Cafe** $, 3 Beach St., Tel. 617 451 2395, http://mythaivegancafe.com, täglich 11–22 Uhr (Fr., Sa. bis 23 Uhr). Mitten in Chinatown befindet sich dieses Restaurant im ersten Obergeschoss eines alten Hauses. Große alte Buntglasfenster und eine riesige Menge an Pflanzen sorgen für eine außergewöhnliche Atmosphäre. Thai-Küche vom Feinsten, auch vegane „Fleischgerichte" aus Seitan oder Tofu.

Für den späten Hunger

Für hungrige Nachtschwärmer ist in den USA allgemein weniger gut gesorgt als in europäischen Metropolen: Nach 22/23 Uhr wird es schwierig. In Boston wird man um Mitternacht und danach unter anderem an folgenden Orten fündig:

- **Bova's Bakery** (s. S. 71) im North End
- **El Triunfo** $$, 147 E. Berkeley St., im SoWa Art & Design District 26, Tel. 617 542 8499, www.eltriunfo-boston.com, täglich 11–3 Uhr. Spezialitäten aus Mexiko und El Salvador für den späten Hunger.
- **Kelley Square Pub** (s. S. 66) in East Boston
- **Lolita Cocina & Tequila Bar** (s. S. 71) in der Back Bay und Fort Point

040bo-as

038bo-as

Italienische Küche

57 [F2] **Antico Forno** $$$, 93 Salem St., Tel. 617 723 6733, www.anticofornoboston.com, täglich 11.30–22.20 Uhr. Klassisches neapolitanisches Restaurant im North End mit Seafood, Pizza, Pasta und Fleisch. Sehr beliebt, Reservierung empfohlen.

58 [E6] **Bar Mezzana** $$$, 360 Harrison Ave., Tel. 617 530 1770, www.barmezzana.com, Mo.–Do. 17–22, Fr. 17–23, Sa. 11–15 und 17–23, So. 11–15 und 17–22 Uhr. Edles, minimalistisches Restaurant. Italienische Küche mit globalen Einflüssen von der Ceviche bis zur Bolognese.

59 [F2] **Galeria Umberto Pizzeria** $, 289 Hanover St., Tel. 617 227 5709, Mo.–Sa. 10.45–14.30 Uhr. Alteingesessener Sizilianer mit gutem und günstigem Lunch von Pizza bis Arancini (frittierte Reisbällchen). Eine Institution im North End. Nur Barzahlung möglich.

Das North End (s. S. 34) ist auch kulinarisch nach wie vor stark italienisch geprägt

60 [F2] **Mamma Maria** $$$, 3 N Square, Tel. 617 523 0077, www.mammamaria.com, Mo.–Do. 17–21.15, Fr.–So. 16.30–21.30 Uhr. High-End-Italiener in einem klassischen Boston Townhouse mit schlanker und feiner Karte. Man legt Wert auf lokale und frische Zutaten: hausgemachte Pasta, viel Seafood, auch Lamm und Kalb. Ohne Reservierung wird man vor allem im Sommer kaum Glück haben.

61 [fg] **Mario's Restaurant** $$-$$$, 347 Chelsea St., Tel. 617 567 8608, http://marioseastboston.com, Mo.–Sa. 15–21 Uhr. Im Arbeiter- und Einwandererstadtteil East Boston bzw. Eagle Hill in Fußreichweite der U-Bahn-Station Airport (Blue Line) gelegen – also direkt am Flughafen und doch nur zwei Stationen von Downtown entfernt – findet sich dieses rustikale Restaurant mit familiärer Atmosphäre; „Closest Thing to Mamma's Cooking" ist das Motto und dem ist nichts hinzuzufügen.

62 [F1] **Regina Pizzeria** $$-$$$, 11 1/2 Thacher St., Tel. 617 227 0765, www.pizzeriaregina.com, So.–Do. 11–21, Fr., Sa. 11–22 Uhr. Seit 1926 im North

End, originale Location der nun regional erfolgreichen Kette. Einfache Imbissatmosphäre, die Pizza ist sehr gut.

Weitere Küchen

63 [D2] **Anna's Taqueria** $, 242 Cambridge St., Tel. 617 227 8822, www.annastaqueria.com, täglich 10–23 Uhr. Mexikanische Klassiker von Burritos über Tacos bis Quesadillas. Günstig und gut seit 1995.

64 [al] **Blue Nile** $, 389 Centre St., Tel. 617 533 6453, www.bluenileincjp.com, Di.–Fr. 16–22.30, Sa., So. 12–22.30 Uhr. Äthiopisches Restaurant in Jamaica Plain mit hervorragendem Injera (säuerlichem Fladenbrot aus Hirse) und einer großen Auswahl an Gerichten. Man isst mit den Händen.

65 [A5] **Deuxave** $$$, 371 Commonwealth Ave., Tel. 617 517 5915, www.deuxave.com, täglich 17–23 Uhr. Moderne französische Küche mit regionalen Zutaten gibt es in diesem ausgezeichneten Restaurant in der Back Bay. Hochpreisig, aber etwa für besondere Anlässe unbedingt zu empfehlen.

66 [bj] **El Pelon Taqueria** $, 92 Peterborough St., Tel. 617 262 9090, https://elpelon.com, täglich 11–22 Uhr. Exzellente Tacos, Enchiladas, Quesadillas, Tortas etc. Sehr nette Atmosphäre, kleine Bar und Außenbereich.

67 [eg] **El Peñol** $-$$, 54 Bennington St., Tel. 617 569 0100, www.elpenolrestaurante.com, täglich 10–21 Uhr. Beliebtes kolumbianisches Restaurant im Einwandererviertel East Boston. Eher deftige Gerichte: Suppen und Eintöpfe, Fleisch, Geflügel, Seafood und natürlich Arepas (Maisfladen).

68 [B5] **Lolita Cocina & Tequila Bar** $$, 271 Dartmouth St., Tel. 617 369 5609, www.lolitamexican.com, So.–Do. 11.30–1, Fr., Sa. 11.30–2 Uhr. Moderne mexikanische/südamerikanische Küche von Tacos und Nachos bis Ceviche in ausgefallener Goth-Atmosphäre in der Back Bay. Dutzende Tequilasorten und Cocktails. Eine weitere Filiale in Fort Point hat auch mittags geöffnet (siehe Website).

69 [al] **Tres Gatos** $-$$, 470 Centre St., Tel. 617 477 4851, www.tresgatosjp.com, täglich 17–22 Uhr. Ungewöhnlicher Ort in Jamaica Plain: Diese spanische Tapasbar ist zugleich Buch- und Schallplattenladen (Öffnungszeiten Laden: Mo.–Fr. ab 14, Sa., So. ab 12 Uhr). Sehr angenehme Atmosphäre, gutes Essen.

Cafés und Süßes

70 [F1] **Bova's Bakery,** 134 Salem St., Tel. 617 523 5601, http://bovabakeryboston.net, 24 Std. geöffnet. Gebäck, Sandwiches und Snacks seit 1932.

71 [E4] **Caffè Nero,** 560 Washington St., Tel. 617 936 3432, http://caffenero.com/us, Mo.–Fr. 6.30–21, Sa., So. 7–20 Uhr. Gemütliche Filiale des regionalen Kaffeerösters. Zum Essen gibt es Sandwiches, Gebäck, aber auch Frühstück. Weitere Filialen siehe Website.

72 [F2] **Caffè Vittoria,** 290–296 Hanover St., Tel. 617 227 7606, täglich 8–24 Uhr. Sehr beliebtes, klassisch italienisches Caffè im North End seit 1929. Wunderbare Atmosphäre für einen ruhigen Morgen ebenso wie für lebendige Abende mit Cocktails oder Wein.

73 [G4] **Flour Bakery & Cafe,** 12 Farnsworth St., Tel. 617 338 4333, https://flourbakery.com, Mo.–Fr. 7–19, Sa., So. 8–18 Uhr. Lokale Bäckerei und Konditorei mit mehreren Filialen (siehe Website). Neben Süßem (von Croissants bis Kuchen) gibt es auch leckere Baguettes, Sandwiches und Suppen.

› **George Howell Coffee,** im Boston Public Market (s. S. 80). Lokaler Kaffeeröster mit mehreren Filialen (s. Website). Gute Auswahl an *drip coffee,* Filterkaffee, *cold brew,* Espressovariationen.

74 [E4] **Jaho Coffee & Tea,** 665 Washington St., Tel. 857 233 4094, www.jaho.com, Mo.–Fr. 6.30–21, Sa., So. 7–21 Uhr. Kafferöster und Teehaus mit mehreren Filialen (s. Website).

75 [D2] **J.P. Licks,** 150 Charles St., Tel. 857 233 2771, https://jplicks.com, im Sommer täglich 11–23 Uhr. Hervorragende Eiscreme einer lokalen Kette mit zahlreichen weiteren Filialen in der Stadt.

76 [F2] **Mike's Pastry,** 300 Hanover St., Tel. 617 742 3050, www.mikespastry.com, täglich 8–22 Uhr. Seit 1946 im North End betriebene italienische Bäckerei und Konditorei mit nahezu legendärem Ruf. Zuweilen sehr lange Warteschlangen. Inzwischen gibt es mehrere Filialen in der Stadt.

77 [D3] **Tatte Bakery & Cafe,** 70 Charles St., Tel. 617 723 555, http://tattebakery.com, Mo.–Sa. 7–20, So. 8–20 Uhr. Neben Kaffee und Tee sowie hervorragendem Kuchen und Gebäck gibt es ganztags Frühstück und Sandwiches mit hausgemachtem Brot. Mehrere Filialen.

78 [E4] **Thinking Cup (1),** 165 Tremont St., Tel. 617 482 5555, www.thinkingcup.com, täglich 7–19 Uhr. Kaffee und Tee, Frühstück, Sandwiches zum Lunch – und natürlich jede Menge Süßes. Weitere Filialen:

79 [F2] **Thinking Cup (2),** 236 Hanover St., Tel. 857 233 5277, täglich 7–19 Uhr

80 [C4] **Thinking Cup (3),** 85 Newbury St., Tel. 617 247 3333, Mo.–Do. 7–19, Fr.–So. 7–21 Uhr

MEIN TIPP

Der erste Kaffee

Den ersten Kaffee in Downtown lässt man sich zum Beispiel bei **George Howell Coffee** (s. S. 71) im Boston Public Market schmecken. Hier kann man entweder an einem der Tische dem frühen Markttreiben zusehen oder den Kaffee bei schönem Wetter auf dem Rose Fitzgerald Kennedy Greenway 10 schlürfen. Ein besonderes Flair inmitten von Mobiliar aus den 1940er-Jahren bietet das italo-amerikanische **Caffè Vittoria** (s. S. 71) im North End.

Brauereien

81 [E4] **Democracy Brewing,** 35 Temple Pl., Tel. 857 263 8604, www.democracybrewing.com, Mo.–Do. 11.30–23 Uhr, Fr., Sa. 11.30–24 Uhr, So. 11.30–22 Uhr. Kleine, als Kollektiv betriebene, urige Brauereigaststätte direkt am Boston Common 1. Neben dem eigenen Gerstensaft wird auch hier klassisches *bar food* von Appetizern über Snacks bis zu Burgern und Sandwiches gereicht.

82 [J6] **Harpoon Brewery Beer Hall,** 306 Northern Ave., Tel. 617 456 2322, www.harpoonbrewery.com/boston-brewery, So.–Di. 12–20, Mi. 12–20.30, Do. 12–21, Fr., Sa. 12–22 Uhr. Craftbeer aus Neuengland seit 1986, Kooperative im Besitz der Mitarbeiter. Bierhalle mit langer Bar vor den großen Braukesseln, zahlreiche Biertische und schöner Blick über den Hafen. Regelmäßige Brauereitouren (siehe Website). Zum Essen gibt es Pizza (auch glutenfrei) und Snacks wie hausgemachte Bretzel mit Dip. Kleiner Shop mit Merchandise.

83 [E1] **Night Shift Brewing – Lovejoy Wharf,** 1 Lovejoy Wharf, Tel. 617 456 7687, https://nightshiftbrewing.com, Mo.–Mi. 15–21, Do. 15–22, Fr., Sa. 11.30–22, So. 11.30–20 Uhr. Direkt am Wasser befindet sich dieser minimalistisch-modern gehaltene Taproom. Braukessel direkt hinter der Bar. Interessante und für Brauereien eher unübliche Speisekarte. Von der Terrasse im Sommer Blick auf Charlestown und Bunker Hill 19 sowie imposante Brücken und Schleusen. Kleiner Shop.

84 [bl] **Samuel Adams Boston Brewery,** 30 Germania St., Tel. 617 368 5080,

081bo-as

https://samadamsbostonbrewery.com, Mo.-Fr. 12-21, Sa. 11-21, So. 11-18 Uhr. Die Sam Adams Brewery, 1984 in Boston gegründet, gilt als einer der Ursprungsorte des mittlerweile weltweiten Craftbeer-Booms. Die Biere werden heute überwiegend in Ohio und Pennsylvania gebraut, die Brauerei in Boston ist so etwas wie ein Versuchslabor: Hier sind experimentelle und exklusive Sorten frisch vom Fass zu haben. Schöner und ruhiger Biergarten, regelmäßige Brauereitouren (Zeiten siehe Website); keine Küche, nur Snacks. Seit Kurzem betreibt Sam Adams auch einen Biergarten direkt am Government Center.

85 [G4] **Trillium Brewing,** 50 Thompson Pl., Tel. 857 449 0083, www.trilliumbrewing.com, Mo.-Sa. 12-23, So. 12-22 Uhr. Modern gestaltete Brauerei mit großer Bierhalle über zwei Stockwerke. Relativ umfangreiche Speisekarte. Im Sommer Biergärten im Boston Common 1, Fenway 30 und auf dem Greenway 10, genaue Orte und Zeiten siehe Website.

Boston am Abend

Nachtleben

Boston bietet auch am Abend für jeden Geschmack etwas. Die Grenzen sind oft fließend: Viele Bars und Restaurants bieten mehrmals in der Woche **Livemusik.** Viele kleine Konzertlocations dienen, wenn gerade kein Konzert stattfindet, als Bars, und die meisten Bars haben wiederum eine Speisekarte. Das Angebot für Nachtschwärmer ist über das gesamte Stadtgebiet verteilt, nichtsdestotrotz lassen sich ein paar Schwerpunkte ausmachen. **Nachtclubs** konzentrieren sich beispielsweise im Wesentlichen am westlichen Rand von Chinatown. Viele der **Theaterbühnen** sind nach wie vor im klassischen Theater

Samuel Adams, einer der Gründerväter der USA, steht Pate für eine der beliebtesten Craft-Brauereien des Landes

District südlich von Chinatown anzutreffen, aber auch um die Avenue of the Arts 27.

Bars, Kneipen, Bierlokale

86 [E3] **21st Amendment,** 150 Bowdoin St., Tel. 617 227 7100, täglich 11–2 Uhr. Gemütliche alte Bar im Herzen Bostons in der Nähe des Old State House 6. Nachbarschaftliche Atmosphäre und bei Einheimischen beliebt. Bier, Cocktails und *bar food.*

Smokers' Guide

Massachusetts hat mit die **strengsten Rauchergesetze in den USA** und Boston wiederum die strengsten in Massachusetts. Die Steuer auf Tabakprodukte ist eine der höchsten im Land, der Anteil der Rauchenden einer der niedrigsten. **Unter 21 Jahren** ist der Erwerb von Tabak illegal. Selbstverständlich ist Rauchen in allen öffentlichen Gebäuden, am Arbeitsplatz, in Restaurants und Bars, in Hotels oder im Einzelhandel, aber auch in allen öffentlichen Parkanlagen und Kultureinrichtungen verboten. Raucher werden auch aus den Restbereichen immer weiter verdrängt. Raucht man beispielsweise vor einem Restaurant, sollte man sich seine Zigarette möglichst weit vom Eingang entfernt anzünden, denn selbst wer unter freiem Himmel auf der Straße raucht, wird zumindest tagsüber nicht selten schief angesehen. Eine Ausnahme bilden abends die meist informellen **Raucherbereiche vor den Eingängen von Bars und Konzertsälen.** Hier fällt die Zigarette nicht so sehr auf.

Haschisch und **Marihuana** *(recreational marijuana)* dürfen seit 2018 in Massachusetts legal gekauft und konsumiert werden. Aber natürlich muss man sich auch dabei an die Raucherregeln halten.

87 [bj] **Bleacher Bar,** 82A Lansdowne St., Tel. 617 262 2424, www.bleacherbarboston.com, Mo.–Do. 11.30–24, Fr., Sa. 11.30–2, So. 11.30–22 Uhr. Die Bleacher Bar ist das El Dorado für Baseball-Aficionados. Eine urigere, originellere Sportsbar gibt es kaum: Man befindet sich im Stadion Fenway Park direkt auf Rasenhöhe am Spielfeldrand. Durch eine große Öffnung mit Glasscheibe, die an ein Garagentor erinnert, kann man hier zum Bier ein Spiel ansehen – und das ohne Eintritt zu bezahlen.

88 [dg] **Brewer's Fork,** 7 Moulton St., Tel. 617 337 5703, http://brewersfork.com, Mo.–Fr. 11.30–22, Sa. 10.30–22, So. 10.30–21 Uhr. In der Nähe von USS Constitution und Bunker Hill in Charlestown gelegen, große Bier- und Weinauswahl, *bar food* und sehr schöner Biergarten.

89 [ek] **Croke Park,** 268 W. Broadway, Tel. 617 606 5971, http://crokeparkwhiteys.com, Mo.–Sa. 10–2, So. 12–2 Uhr. Familiäre Eckkneipe mit Darts und Billiard.

90 [C6] **Delux Cafe,** 100 Chandler St., Tel. 617 338 5258, Di.–So. 17–1 Uhr. Nette und altmodische, zentral gelegene Bar mit zahlreichen Elvis-Memorabilien.

91 [G5] **Drink,** 348 Congress St., Tel. 617 695 1806, www.drinkfortpoint.com, täglich ab 17 Uhr bis Mitternacht, am Wochenende länger. Hierher kommt man für exzellente Cocktails und andere Drinks.

92 [D5] **Jacques' Cabaret,** 79 Broadway St., Tel. 617 426 8902, www.jacquescabaret.com, Mo.–Fr. 13–24, Sa., So. 12–24 Uhr. Unkonventionelle Bar mit Drag Shows und Karaoke Nights.

93 [J5] **Legal Harborside Roof Deck,** 270 Northern Ave., Tel. 617 477 2900, www.

Bosten hat eine reiches Nachtleben zu bieten

legalseafoods.com/locations/boston-harborside, So.-Do. 11-22, Fr., Sa. 11-23 Uhr. Nicht nur frisches Seafood, sondern auch gute Cocktails und Drinks, und das mit Aussicht.

94 [C5] **Oak Long Bar,** 138 St. James Ave., Tel. 617 585 7222, www.oaklongbarkitchen.com, täglich 7-24 Uhr. Klassische Cocktailbar und Restaurant in mondänem Ambiente mit Kassettendecke, großen Kronleuchtern und offenem Kamin. Am Eingang sollte man angeben, wenn man nur an die Bar möchte und keinen Tisch will, in der Regel gibt es dann keine Wartezeit.

95 [bh] **Roxy's Arcade,** 292 Massachusetts Ave. (Cambridge), Tel. 617 714 3960, https://roxysarcade.com, Mo.-Sa. 17-23, Fr., Sa. 17-1 Uhr. Ein absolutes Muss für Spiele-Nerds und Liebhaber alter Arcade Games. Enorme Auswahl an Arcade-Spielautomaten (z. B. Flipper) aus verschiedenen Jahrzehnten, sehr gute Cocktails und Drinks.

96 [dl] **The Banshee,** 934 Dorchester Ave. (U-Bahn-Station JFK/UMass), Tel. 617 436 9747, https://bansheeboston.com, Mo.-Fr. 11-1 Uhr, Sa., So. 9-1 Uhr. Idealer Ort, um einen Besuch der JFK Library 34 stilgerecht in einem Irish Pub zu beschließen. Außerdem Sportsbar und Hotspot für Fußball *(soccer)* in Boston.

97 [al] **The Brendan Behan Pub,** 378 Centre St., Tel. 617 522 5386, www.brendanbehanjp.com, täglich 11.30-1 Uhr. Irish Pub in Jamaica Plain, der bereits seit 1896 besteht. Gegenüber des Blue Nile Restaurants (s. S. 71). Oft Livemusik.

98 [E4] **The Tam,** 222 Tremont St., Tel. 617 482 9182, www.thetamboston.com, Mo.-Fr. 10-2, Sa., So. 11-2 Uhr. Zentral gelegene Oldschool-Bar im Theater District mit günstiger Bierauswahl.

99 [D5] **Trophy Room,** 26 Chandler St., Tel. 617 482 4428, https://trophyroomboston.com, Mo.-Do. 16-24, Fr. 16-1, Sa. 12-1, So. 12-20 Uhr. Cocktailbar in

041to ©travelview, stock.adobe.com

stylishem Ambiente, auch in der LGBT-Community beliebt.

Clubs und Discos

100 [C5] **Club Café,** 209 Columbus Ave., Tel. 617 536 0966, www.clubcafe.com, Mo.–Mi. 16–24, Do., Fr. 16–2, Sa., So. 11–2 Uhr. Eine Instanz in Boston ist dieser 1983 eröffnete Gay Nightclub, der außerdem Restaurant (tagsüber geöffnet) und Kleinkunstbühne ist. Musikauswahl je nach Motto/Event unterschiedlich.

101 [D5] **Icon Nightclub,** 100 Warrenton St., Tel. 617 422 0045, www.iconnightclub.com, täglich 10.30–2 Uhr. Aktuelle Popmusik, Hip-Hop und Latin.

102 [bh] **ManRay,** 40 Prospect St. (Cambridge), Tel. 617 864 0400, www.manrayclub.com, Mi.–Sa. 21–2 Uhr. Verschiedene Stilrichtungen von Goth/Industrial bis 80s Wave, Elektro und Postpunk. Erschwingliche Eintrittspreise, breites Altersspektrum.

103 [D5] **Metro Boston Nightclub,** 100 Stuart St., Tel. 617 357 5005, https://metrobostonnightclub.com, Di., Fr. 23–2, Do., Sa. 22.30–2 Uhr. Für eine Flasche Champagner muss man durchaus tief in die Tasche greifen, Cocktails sind aber gar nicht mal so teuer. Die DJs bieten EDM und Hip-Hop. Nicht underdressed erscheinen.

104 [D5] **Royale,** 279 Tremont St., Tel. 617 338 7699, www.royaleboston.com, Fr., Sa. 22–2 Uhr. Riesiger Club über mehrere Ebenen, vor allem EDM. Auch Konzerte. Dresscode auf der Website beachten.

105 [F3] **The Alley Bar,** 14 Pl Alley, Tel. 617 263 1449, www.thealleybar.com, täglich 14–2 Uhr. Beliebter Gay Dance Club.

In der Hatch Memorial Shell (s. S. 78) gibt es im Sommer Konzerte und Theateraufführungen

Theater und Konzerte

Livemusik

106 [aj] **Agganis Arena,** 925 Commonwealth Ave., Tel. 617 358 7000, www.agganisarena.com. Multifunktionshalle der Boston University mit 7200 Plätzen und zahlreichen Pop-Konzerten.

107 [A5] **Berklee Performance Center,** 136 Massachusetts Ave., Tel. 617 747 2261, www.berklee.edu/BPC. Der Konzertsaal des berühmten College mit 1200 Plätzen. Konzerte aus allen Genres der populären Musik und darüber hinaus.

108 [bj] **House of Blues,** 15 Lansdowne St., Tel. 888 693 2583, www.houseofblues.com/boston. Landesweite Kette von Konzertbühnen und Restaurants. Der Name impliziert die Stilrichtung. Prominenter Mitbesitzer ist „Blues Brother" Dan Akroyd.

109 [E3] **Orpheum Theatre,** 1 Hamilton Pl., Tel. 617 482 0106, http://events.crossroadspresents.com/venues/orpheum-theatre. Zentral gelegener, wunderschöner alter Bau von 1852 und damit eine der ältesten noch stehenden Bühnen in den USA. Ursprünglich Heimat des Boston Symphony Orchestra, gastieren hier heute Rock- und Pop-Musiker, gelegentlich finden aber auch klassische Konzerte und Theateraufführungen bzw. Performance Art statt.

110 [aj] **Paradise Rock Club,** 967 Commonwealth Ave., https://crossroadspresents.com/pages/paradise-rock-club, Mo.–Fr. 12–18 Uhr. Der Name ist Programm, seit Jahrzehnten an selber Stelle. Angeschlossene Bar mit festen Öffnungszeiten.

111 [ah] **Scullers Jazz Club,** 400 Soldiers Field Rd., Tel. 617 562 4111, https://scullersjazz.com. Vom legendären Downbeat Magazine zu einem der weltweit besten Jazzclubs gekürt, intime Atmosphäre. Schön gelegen am Charles River.

042bo-as

112 [E1] **TD Garden,** 100 Legends Way, Tel. 617 624 1000, www.tdgarden.com. Multifunktionshalle mit 20.000 Plätzen, in der die Boston Celtics (Basketball) und die Boston Bruins (Eishockey) spielen, aber auch zahlreiche Pop-Konzerte stattfinden. Direkt in der North Station und leicht erreichbar.

113 [bg] **The Lilypad,** 1353 Cambridge St. (Cambridge), Tel. 617 955 7729, www.lilypadinman.com. Sehr ungewöhnliche, kleine Bühne mit diversem Line-up von Pop über Jazz bis Klassik.

114 [bh] **The Middle East Restaurant and Nightclub,** 472–480 Massachusetts Ave. (Cambridge), Tel. 617 864 3278, www.mideastoffers.com. Vier Bühnen in einer Location: Upstairs, Downstairs, Zuzu und Sonia (um die Ecke in der 10 Brookline St.). Schnell zu erreichen mit der U-Bahn (Red Line) bis zur Station Central. Große Auswahl von Konzerten aus diversen Genres und DJ Sets.

115 [ag] **The Sinclair,** 52 Church St. (Cambridge), Tel. 617 547 5200, www.sinclaircambridge.com, Sa.–Do. 19–23.30, Fr. 12–23.30 Uhr. Konzerte in diversen Genres von Indie bis Folk. Angeschlossene Bar mit festen Öffnungszeiten.

116 [ck] **Wally's Cafe Jazz Club,** 427 Massachusetts Ave., Tel. 617 424 1408, http://wallyscafe.com, täglich 17–1 Uhr. Für alle, die in Bostons Jazz- und Blues-Szene eintauchen wollen. Kleine, legendäre Bühne.

Oper, Klassik, Musical

117 [cj] **Boston Conservatory at Berklee,** 31 Hemenway St., Tel. 617 912 9222, https://bostonconservatory.berklee.edu. Performing Arts Center des Berklee College of Music, in dem auch klassische Konzerte zur Aufführung kommen.

118 [E4] **Boston Opera House,** 539 Washington St., Tel. 617 695 6955, www.bostonoperahouse.com. Spektakuläre Art-déco-Heimat des Boston Ballet und Bühne für Opern sowie Musicals.

119 [A6] **Boston Symphony Hall,** 301 Massachusetts Ave., Tel. 617 266 1492, www.bso.org. Das ikonische Gebäude von 1900 ist Heimat des berühmten Boston Symphony Orchestra.

120 [D4] **Colonial Theatre,** 106 Boylston St., Tel. 617 902 6130, www.emersoncolonialtheatre.com. 1700 Plätze. Prunkvolles, seit Erbauung im Jahr 1900 kaum verändertes Interieur. Vor allem

Musical-Produktionen und Broadway Shows. Auch Pop-Konzerte und Führungen durch das Gebäude.

121 [ck] **Jordan Hall,** 290 Huntington Ave., Tel. 617 585 1100, https://necmusic.edu/jordan-hall. Der 1903 eröffnete Konzertsaal des New England Conservatory gilt als einer der besten der Welt.

15 [D5] **Wang Theatre.** Spektakuläres Theater aus den 1920er-Jahren. Hier werden überwiegend Broadway-Produktionen (Musicals) aufgeführt (s. S. 34).

Open-Air-Bühnen

30 [bj] **Fenway Park.** Das legendäre Stadion dient als Open-Air-Bühne für die ganz großen Acts der populären Musik (s. S. 50).

122 [C3] **Hatch Memorial Shell,** 47 David G. Mugar Way, Tel. 617 626 1250, http://hatchshell.com. In der Charles River Esplanade gelegen, werden in der 1940 erbauten Konzertmuschel im Sommer insbesondere Konzerte, aber auch Theateraufführungen geboten.

123 [J5] **Leader Bank Pavilion,** 290 Northern Ave., Tel. 617 728 1600, www.livenation.com. Das Rockland ist eines der beliebtesten Amphitheater in Boston und Umgebung und fasst über 5000 Menschen. Hier treten insbesondere namhafte Pop-Acts auf.

Ticketverkaufsstellen

Die folgenden **Online-Verkaufsstellen** bzw. **Apps** bieten eine Auswahl an Eintrittskarten für Konzerte und Veranstaltungen aller Art (auch Sport) mit guter Suchfunktion, decken aber nicht alle Bühnen in Boston ab:

- **Songkick:** www.songkick.com
- **Stub Hub:** www.stubhub.com
- **Ticket City:** www.ticketcity.com
- **Ticketmaster:** www.ticketmaster.com

Theater, Comedy und Kleinkunst

- **Boston Conservatory at Berklee** (s. S. 77). Theater- und Tanzbühne des Berklee College of Music.

124 [C6] **Boston Center for the Arts,** 539 Tremont St., Tel. 617 426 5000, https://bostonarts.org. Mehrere Bühnen für zeitgenössisches Theater, Tanz und Performance Art, auch Ausstellungen.

125 [D5] **Charles Playhouse,** 74 Warrenton St., Tel. 617 426 6912, https://boston.broadway.com/theatre/charles-playhouse. Zwei Bühnen für populäre Aufführungen mit 500 bzw. 200 Plätzen. Das Gebäude stammt aus dem Jahr 1839.

- **Club Café** (s. S. 76). Im Napoleon Room des Club Café werden Comedy- und Kleinkunst-Shows sowie kleine Konzerte gezeigt, oft von Künstlern aus der Region.

126 [D5] **Shubert Theatre,** 265 Tremont St., Tel. 866 348 9738, www.bochcenter.org. Historische Bühne, genutzt für Konzerte, Theater und Performances. Auch Führungen durch das Gebäude.

127 [E5] **Wilbur Theatre,** 246 Tremont St., Tel. 617 248 9700, https://thewilbur.com. Große Comedy- und Musikbühne in historischem Gebäude (erbaut 1913) mit bis zu 1200 Plätzen.

Kino

128 [aj] **Coolidge Theatre,** 290 Harvard St., Tel. 617 734 2500, https://coolidge.org/programs/after-midnite. Spezielles Nachtprogramm für Cineasten, Kultfilme von Avantgarde bis Horror. Tolle Atmosphäre.

Gehobenes Shoppingerlebnis: Copley Place

Boston zum Stöbern und Shoppen

Boston ist ein **Shopping-El-Dorado,** das keine Wünsche offenlässt. Die großen Malls sind das **Prudential Center** und der **Copley Place** in der **Back Bay.** Beide liegen nebeneinander und sind in riesige Gebäudekomplexe mit Hotels und Konferenzzentren eingebunden. In unmittelbarer Nähe liegen die beiden parallel verlaufenden Straßen **Newbury Street** und **Boylston Street** [A5–C4], die von Boutiquen, kleinen Läden, aber auch traditionsreichen Geschäften und einigen internationalen Luxusmarken gesäumt sind. Diese Gegend ist das Shoppingzentrum Bostons.

Die Haupteinkaufsstraße im gediegenen Viertel Beacon Hill ist die **Charles Street** [D2–4]. Hier finden sich ausgefallene, aber oft auch hochpreisige Geschäfte und viele Antiquitätenläden. Designartikel und regionale Kunst gibt es im **SoWa Art & Design District** 26. Ein Einkaufserlebnis mit vielen kleinen Läden und weitgehend ohne Touristen bietet das sehr schöne, wenige U-Bahnminuten weiter südwestlich gelegene **Jamaica Plain** 33.

Im Folgenden werden vor allem Läden vorgestellt, die etwas Besonderes haben, etwa weil es sie nur in Boston oder Neuengland gibt oder weil die Produkte ungewöhnlich oder regional bzw. in den USA hergestellt werden. Weltmarken und große Ketten gibt es an den genannten Orten und überall in Boston natürlich auch.

Shoppingareale

Die wichtigsten Shoppingbereiche der Stadt sind im Kartenmaterial mit einer rötlichen Fläche markiert.

043bo-as

Shoppingmalls

129 [B5] **Copley Place,** 100 Huntington Ave., www.simon.com/mall/copley-place, Mo.–Sa. 11–19 Uhr, So. 12–18 Uhr, U-Bahn (Orange Line) bis Back Bay Station, von dort direkter Zugang zur Mall; alternativ (Green Line) bis Copley. Seit Beginn der 1980er-Jahre steht diese Mall wie ein Raumschiff in der Back Bay und wartet mit normal- bis höherpreisigen Geschäften (von Gucci bis Versace, von H&M bis Gap etc.) und einem großen Foodcourt auf. Das Zentrum bildet eine knapp 20 m hohe Skulptur aus Granit und Travertin des US-Bildhauers Dimitri Hadzi, die von einem kaskadenförmigen Wasserfall umspült wird. Der Komplex wurde vom 1945 gegründeten Architects Collaborative entworfen, dem für die Architektur der Nachkriegsmoderne enorme Wirkmacht zugesprochen wird. Eins der Gründungsmitglieder war der ehemalige Bauhaus-Direktor Walter Gropius, der Mitte der 1940er-Jahre in Cambridge lehrte. Den Bau des Copley Place erlebte er allerdings nicht mehr – er war rund ein Jahrzehnt vorher verstorben.

130 [B5] **Prudential Center,** 800 Boylston St., www.prudentialcenter.com, Mo.–Sa. 11–21 Uhr, So. 11–18 Uhr, U-Bahn (Green Line) bis Prudential Station oder (Orange Line) bis Back Bay Station. Shoppingcenter, in dessen markantem Turm sich View Boston befindet (s. S. 10). Mode, Schmuck, Accessoires, Bücher (Barnes & Noble), Geschenkartikel, aber z. B. auch eine Tesla- und eine Microsoft-Filiale.

044bo-as

Märkte

131 [F2] **Boston Public Market**, 100 Hanover St., Tel. 617 973 4909, https://bostonpublicmarket.org, Mo., Di. 8–20, Mi., Do. 8–21, Fr., Sa. 8–22, So. 10–20 Uhr. Moderne Markthalle mit regionalen und Bio-Produkten: frisch gepresste Biosäfte, Kaffee, Backwaren, Pastrami, Pasta, Milchprodukte, Fleisch und Fisch etc. Viele Sitzmöglichkeiten. Sehr nett zum Frühstück und morgens noch relativ ruhig.

132 [C5] **Copley Square Farmers Market**, 227 Dartmouth St., www.massfarmersmarkets.org/copley, Mai–September Di., Fr. 11–18 Uhr. Der größte Wochenmarkt Bostons besteht seit 1978, direkt vor der Boston Public Library 25. Informationen zu den aktuellen Verkaufsständen auf der Website. Der Fokus liegt auf regionalen Lebensmitteln, aber auch auf Handwerk und Kunst.

9 [F2] **Faneuil Hall Marketplace.** Zentrales Einkaufscenter in drei historischen Gebäuden. In den Obergeschossen zahlreiche Geschäfte (Bekleidung), im Erdgeschoss Gastronomie. Viele Souvenirstände und Waren mit Boston-Bezug (s. S. 25).

133 [E6] **SoWa Open Market**, 500 Harrison Ave., www.sowaboston.com/sowa-open-market, Mai–Okt. So. 11–16 Uhr. Großer Wochenmarkt im SoWa Art & Design District, auf dem neben lokalen Lebensmitteln auch Kunst und Handwerk angeboten werden. Mit Livemusik.

Mode, Accessoires und Schmuck

134 [B5] **Bobbles & Lace,** 225 Newbury St., Tel. 857 239 9202, www.bobblesandlace.com, Mo., Di. 10–18, Mi.–Sa.

Der Boston Public Market bietet lokale Köstlichkeiten

10–20, So. 11–18 Uhr. Lokal betriebene Modeboutique für Frauen. Mehrere Filialen in Boston.

135 [B5] **Classic Tuxedo & Custom Clothing,** 253 Newbury St., Tel. 617 424 7707, http://classictuxedo.com, Mo.–Fr. 11–19, Sa. 11–18 Uhr. Maßgeschneiderte Anzüge und Smokings, aber auch Ausleihe.

136 [E1] **Converse Flagship Store,** 1 Lovejoy Wharf, Tel. 617 248 9530, www.converse.com, Mo.–Sa. 10–18 Uhr. Neben den World Headquarters der kultigen Schuhmarke befindet sich ihr Flagship Store, wo man Sondereditionen erstehen kann. Es gibt auch die Möglichkeit, nach Maß anfertigen zu lassen.

137 [D3] **December Thieves,** 51 Charles St., Tel. 617 982 6802, https://decemberthieves.com, Mo.–Fr. 11–18, Sa. 10–18, So. 12–17 Uhr. In dieser kleinen Boutique in Beacon Hill gibt es ausgefallene Mode, Accessoires und Schmuck.

138 [D3] **Helen's Leather Shop,** 110 Charles St., Tel. 617 742 2077, http://helensleather.com, Mo., Mi.–Sa. 11–18, So. 12–17 Uhr. Alteingesessener Lederwarenshop in Beacon Hill. Lederjacken, Cowboystiefel, Hüte, Rucksäcke, Geldbörsen ... Was man aus Leder herstellen kann, gibt es hier zu kaufen. Kurioser kleiner Laden.

139 [D6] **M. Flynn Jewelry,** 40 Waltham St., Tel. 617 292 0079, www.mflynnjewelry.com, Di.–Fr. 11–18 Uhr, Sa. 11–17 Uhr (und nach Vereinbarung). Individueller Schmuck und Accessoires

Konfektionsgrößen

Herren

Die deutsche Bekleidungsgröße (z. B. 50) minus 10 ergibt die amerikanische Größe (z. B. 40).

› Herrenhemden

D	36	37	38	39	40/41	42	43
USA	14	14,5	15	15,5	16	16,5	17

› Herrenschuhe

D	39	40	41	42	43	44	45
USA	7	7,5	8	8,5/9	9,5/10	10,5	11,5

Damen

D	36	38	40	42	44	46
USA	6	8	10	12	14	16

› Damenschuhe

D	36	37	38	39	40	41	42
USA	6	6,5/7	7,5/8	8,5	9	9,5	10

Kinder

D	98	104	110	116	122
USA	3	4	5	6	6x

› Kinderschuhe

D	23	24	25	26	27	28	29	30	31	32	33
USA	6,5	7,5	8,5	9,5	10,5	11,5	12,5	13	1	1,5/2	2,5

von ca. zwei Dutzend Designern der Ostküste.

140 [D6] **Michelle Mercaldo,** 276 Shawmut Ave., Tel. 617 350 7909, http://michelemercaldo.com, Mi.–Sa. 11–18 Uhr. Schmuck und Accessoires aus Boston.

141 [C6] **Sault New England,** 577 Tremont St., Tel. 857 239 9434, https://saultne.com, Mo.–Do. 10–18, Fr., Sa. 10–19, So. 10–17 Uhr. Upscale-Boutique für den Mann.

142 [B5] **Soodee (1),** 170 Newbury St., Tel. 617 266 7888, https://soodee.com, So.–Fr. 11–19, Sa. 10–20 Uhr. Upscale-Boutique für die Frau. Weitere Filiale in Beacon Hill:

143 [D3] **Soodee (2),** 63A Charles St., tgl. 11–19 Uhr

144 [A5] **The Hempest** , 301 Newbury St., Tel. 617 421 9944, www.hempest.com, Mo.–Sa. 11–19 Uhr, So. 12–18 Uhr. Hier gibt es Bekleidung, Accessoires, Kosmetika etc., alles hergestellt aus Bio-Hanf.

Souvenirs und Geschenke

› **1630,** https://1630boston.com. Mehrere Pop-Up-Shops, in denen man hochwertige Souvenirs, häufig „Made in New England", kaufen kann.

145 [F2] **Best of Boston,** 1 S. Market St., täglich 10–21 Uhr (So. bis 19 Uhr). Bekleidung und Nippes mit Boston-Bezug auf zwei Stockwerken in der Faneuil Hall.

146 [D3] **Blackstone's,** 40 Charles St., www.blackstonesbeaconhill.com, Mo.–Fr. 10–18, Sa. 10–17, So. 12–17 Uhr. Neben Hochwertigem für die Küche kann man hier auch verschiedene Souvenirs und Geschenke mit Boston-Bezug kaufen.

147 [A5] **The Fairy Shop,** 272 Newbury St., Suite 1, Tel. 617 262 2520, täglich 12–18 Uhr. Geschenke und Souvenirs zum Thema Science-Fiction und Fantasy mit vielen Kuriositäten.

148 [B5] **The Fish & Bone,** 217 Newbury St., Tel. 857 753 4176, www.thefishandbone.com, täglich 10–19 Uhr (So. bis 18 Uhr). Mitbringsel für die Liebsten zu Hause: Hier gibt es eine enorme Auswahl an Ausgefallenem für Hund und Katze.

Vintage und Antiquitäten

149 [bh] **Great Eastern Trading Co,** 49 River St. (Cambridge), Tel. 617 354 5279, www.greateasternvintage.com, Di.–Sa. 12–19, So. 13–18 Uhr. Vintagemode, gebrauchte Kostüme und Accessoires en masse. Wer nach individueller Bekleidung sucht, sollte diesen Laden nicht auslassen – hier wird man sicher fündig!

› **SoWa Vintage Market,** 450 Harrison Ave., SoWa Art & Design District 26, Tel. 617 286 6750, https://sowavintagemkt.com, ganzjährig So. 10–16 Uhr. Outdoor-Vintage- und Antiquitätenmarkt mit zahlreichen Händlern.

150 [D3] **Upstairs Downstairs Antiques,** 69 Charles St., Tel. 617 367 1950, www.upstairsdownstairsboston.com, Mo.–Sa. 10–18, So. 12–17 Uhr. Antiquitäten und Vintage-Artikel jeglicher Art in mehreren separaten Räumen und zu erschwinglichen Preisen.

151 [B4] **Yuri's Watches,** 142 Newbury St., Tel. 617 536 8895, www.yuriswatches.com, Di.–Sa. 11–16 Uhr. Klassische, überholte und restaurierte Armbanduhren aus vielen Jahrzehnten. Für eine goldene Rolex aus den 1950er-Jahren werden gut $ 5000 fällig, es gibt aber auch weitaus günstigere Modelle. Auf jeden Fall sehenswert. Yuri ist nicht immer gut gelaunt, was in den USA besonders schlecht ankommt, davon sollte man sich aber nicht abschrecken lassen.

Bücher und Musik

152 [E4] **Brattle Book Shop,** 9 West St., Tel. 617 542 0210, www.brattlebookshop.com, Mo.-Sa. 9-17.30 Uhr. Sehr schöner, klassischer Buchladen in Zentrumsnähe unweit des Boston Common ①. Mehrere Stockwerke mit gebrauchten Büchern, vom Ein-Dollar-Schinken bis zum teuren Antiquariatsbuch. Bei schönem Wetter wird auch der Außenbereich genutzt.

153 [F3] **Commonwealth Bookstore,** 9 Spring Lane, Tel. 617 338 6328, https://commonwealthbooks.blackwidowpress.com, Mo.-Sa. 10-18 Uhr, So. 11-16.30 Uhr. Klassisches Antiquariat mit sehr guter Auswahl. In Downtown direkt an der U-Bahn-Station State Street.

154 **Deep Thoughts,** 138b South St., Tel. 617 522 3587, www.deepthoughtsjp.com, täglich 12-20 Uhr. Entspannter und gut sortierter Musikladen in Jamaica Plain mit gebrauchten und neuen Schallplatten, CDs und Tapes, auch Bücher und Comics.

155 [ag] **Harvard Book Store,** 1256 Massachusetts Ave. (Cambridge), Tel. 617 661 1515, http://harvard.com, Mo.-Sa. 9-22, So. 10-21 Uhr. Unabhängiger Buchladen mit neuen und gebrauchten Büchern, der seit 1932 besteht. Sehr schönes Ambiente, auch Lesungen finden hier statt (siehe Website). Lässt sich gut mit einem Besuch des Harvard-Campus ㉜ verbinden.

156 [D3] **Music Research Library,** 24 Joy St., Tel. 617 390 0575, Di.-So. 11-19 Uhr. Vintage-Schallplatten und CDs, insbesondere Hip-Hop, Jazz, Soul und Classic Rock. Kleiner, aber feiner Laden in Beacon Hill.

157 [A5] **Newbury Comics,** 348 Newbury St., Tel. 617 236 4930, www.newburycomics.com, Mo.-Sa. 11-20, So. 11-19 Uhr. Paradies für Comic-Fans, aber auch Schallplatten und viele weitere Manifestationen der Popkultur. Kleine Filiale im Faneuil Hall Marketplace ⑨.

158 [bj] **Nuggets,** 486 Commonwealth Ave., Tel. 617 536 0679, www.nuggetsrecords.com, Di.-Sa. 11.30-19, So. 12-17 Uhr. Tausende gebrauchte Schallplatten, CDs und DVDs in der Nähe des Fenway Park ㉚.

› **Tres Gatos** (s. S. 71). Bücher-/ Schallplattenladen und gleichzeitig Tapasbar.

159 [A5] **Trident Booksellers & Cafe,** 338 Newbury St., Tel. 617 267 8688, www.tridentbookscafe.com, täglich 8-22 Uhr. Buchladen mit Café. Es gibt den ganzen Tag über Frühstück. Eine Institution in Boston.

045bo-as

▷ *Deep Thoughts in Jamaica Plain bietet eine Riesenauswahl an Musik und Dingen der Popkultur*

046bo-as

Supermärkte

160 [A5] **Trader Joe's**, 899 Boylston St., www.traderjoes.com, täglich 9–21 Uhr. Die in den 1960er-Jahren in Kalifornien gegründete Supermarktkette genießt in den USA Kultstatus. Viele hochwertige (Bio-)Produkte, auch Drogerieartikel.

161 [D2] **Whole Foods Market**, 181 Cambridge St., www.wholefoodsmarket.com, täglich 7–21 Uhr. Filiale der großen US-amerikanischen Bio-Supermarktkette. Hochwertige Lebensmittel und Drogerieartikel. Weitere Filialen s. Website.

Entspannen an der Charles River Esplanade [A4–C3]

Ideal zum Schlendern, Laufen, Fahrradfahren: das Arnold Arboretum 33

Boston zum Durchatmen

Trotz des enormen Bevölkerungs- und Baubooms der letzten Jahre und einer durch natürliche Begebenheiten begrenzten Ausdehnung bietet Boston mit seinen vielen Parks, langen Ufern, engen Straßen und kleinen Plätzen zahllose Möglichkeiten zum Durchatmen.

Als erstes kommt das **Emerald Necklace** (s. S. 51), das grüne Band Bostons, das sich quer durch die Stadt zieht, in den Sinn. Während es am östlichen Ende Downtown oft recht lebendig zugeht, wird es in Richtung Westen immer ruhiger. Der **Fenway Garden** entlang der Avenue of the Arts 27 bietet viele ruhige Ecken an kleinen Bächen, Teichen und unter Bäumen. Richtig weitläufig und fast schon einsam wird es dann in Jamaica Plain mit dem **Olmsted Park**, dem **Jamaica Pond** und vor allem auch dem **Arnold Arboretum** 33.

Malerisch in der Back Bay am Charles River mit Blick auf Cambridge gelegen, lädt die **Charles Ri-**

ver Esplanade [A4–C3], ein langgezogener Park, zum Flanieren und zum Entspannen ein. Die Esplanade wird durch den breiten, mehrspurigen Storrow Drive von den Wohnstraßen der Back Bay abgetrennt, ist allerdings über mehrere Fuß- und Fahrradbrücken mit ihnen verbunden.

Der **Harborwalk** (s. S. 29) ist auch in Innenstadtnähe selten überlaufen, auch hier finden sich schöne, ruhige Plätze mit Blick auf Jachten und Meer. Sehr schön ist er z. B. auch auf Höhe von Fort Point, etwa beim Institute of Contemporary Art 13. Und selbst mitten im Trubel und entlang der touristischen Hauptachsen wie dem **Freedom Trail** (s. S. 12) finden sich ruhige Ecken zum Entspannen. Die Paul Revere Mall, ein öffentlicher Platz um ein Paul-Revere-Denkmal und einen Brunnen im North End bei der **Old North Church** 17 ist so ein Ort, an dem oft auch gute Straßenmusik zu hören ist. Der frei zugängliche Innenhof der **Public Library** 25 bietet im Säulengang kleine Tische und Stühle im Schatten und einen Brunnen in der Mitte. Hier ist es eigentlich immer ruhig und es wird viel gelesen.

Einen meist ruhigen Innenhof mit Bestuhlung gibt es auch im **Museum of Fine Arts** 28, hier laden selbst die vor dem Gebäude herumstehenden, klassisch amerikanischen „Adirondack Chairs" mit hohen Rückenlehnen zu einem Nickerchen ein.

Zur richtigen Zeit am richtigen Ort

Boston lockt das ganze Jahr über mit einem vielfältigen Veranstaltungsprogramm, vom Polar Bear Plunge (Eisschwimmen) im Januar bis zum Boston Pride Festival im Juni. Ob Filmfestivals, Sportveranstaltungen oder historische Reenactments: Unter www.bostonusa.com/events/special-events kann man sich über viele der anstehenden Veranstaltungen informieren.

Januar bis Mai

- **L Street Brownies Swim (Jan.):** Seit 1902 findet am Neujahrstag ein Eisschwimmen im Boston Harbor statt (www.boston.gov/calendar/l-street-brownies-new-years-day-swim).
- **Chinese New Year (Jan./Febr.):** eine Parade und Jahrmärkte sowie zahlreiche kleinere und größere Feuerwerke in den Straßen Chinatowns, insbesondere um die Beach Street (www.chinatownmainstreet.org)
- **Boston Science Fiction Film Festival (Febr.):** ein absolutes Muss für Science-Fiction-Fans – und nicht nur für sie. Das weltweit älteste Filmfestival seiner Art. Mehr als hundert Filme über zwei Wochen (www.bostonscifi.com).
- **Boskone (Febr.):** zweitägige Science Fiction und Fantasy Convention mit

047bo-as

Lesungen, Diskussionsrunden, Präsentationen von Videos und Games etc. (www.boskone.org)

- **St. Patrick's Day Parade (März):** überall in den USA populär, in Boston allerdings besonders groß (www.bostonusa.com/events/special-events/st-patricks-day)
- **Boston Marathon (April):** einer der ältesten (seit 1897) und größten Marathons in den USA mit über 30.000 Athleten und rund einer halben Million Zuschauern (www.baa.org)
- **Patriot's Day Parade (April):** Am selben Tag wie der Marathon finden eine Kostümparade und historische Nachstellungen rund um die revolutionären Geschehnisse in Boston statt (www.bostonusa.com/events/special-events/patriots-day).
- **Boston Anime Festival (April):** dreitägige Convention zur japanischen Popkultur im Allgemeinen und Anime im Besonderen (www.animeboston.com)
- **Greek Independence Parade (April):** bunte Parade zu Ehren der griechischen Unabhängigkeit (1821) mit griechischer Tracht durch den Stadtteil Black Bay. Anschließendes Festival im Boston Common ❶: Musik, Tanz und Kulinarisches (www.greekboston.com).
- **Walk for Hunger (Mai):** Sponsorenlauf und -wanderung gegen Hunger und für einen bewussteren Umgang mit Lebensmitteln. Am ersten Sonntag im Mai. Älteste Veranstaltung dieser Art in den USA (seit 1969), heute ein Event mit Zehntausenden Teilnehmern (www.projectbread.org).
- **Ancient Fishweir Project (Mai):** Auf dem Boston Common ❶ werden jedes Jahr im Mai von Schulklassen die riesigen indianischen Fischreusen nachgebaut, die vor der Ankunft der Europäer über Jahrhunderte im heutigen Gebiet des Boston Harbor gebaut und gepflegt wurden. Dazu gibt es ein umfangreiches Rahmenprogramm. Organisiert wird das Ganze von der Native American Community, den Massachusett und Wampanoag (www.fishweir.org).
- **Youth Pride (Mai):** Festival und Umzug der jungen LGBT-Community (www.bagly.org/annual-events)

Juni bis August

- **Boston Juneteenth (Juni):** Der Juneteenth am 19. Juni (Kofferwort aus „June" und „nineteenth") ist der älteste Gedenktag, an dem der Abschaffung der Sklaverei in den USA gedacht wird. Von Präsident Biden im Jahr 2021 zum nationalen Feiertag erhoben, erlebt er momentan eine Renaissance und zunehmende Institutionalisierung, natürlich auch in Boston (www.bostonjuneteenth.com).
- **Boston Pride Festival & Parade (Juni):** mit rund 55.000 Teilnehmern und ca. 750.000 Zuschauern eine der landesweit größten Pride Parades mit umfangreichem Festivalprogramm (www.bostonpride.org)

048bo-as

◁ *Ein Zentrum der LGBT-Szene ist Jamaica Plain* ㉝

076bo ©Jixue Yang, dreamstime.com

- **Bunker Hill Day Parade (Juni):** Seit 1786 wird mit einer jährlichen Parade in Charlestown der ersten größeren Schlacht des US-amerikanischen Unabhängigkeitskriegs am Bunker Hill (1775) gedacht. Zu sehen sind historische Kostüme, Militär- und Musikgruppen. Die Aktivitäten erstrecken sich auch über die Tage vor und nach der Parade (www.facebook.com/BunkerHillDayParade).
- **Boston Dragon Boat Festival (Juni):** eintägiges asiatisches Festival mit Bühnen, Vorführungen und Essensständen am Charles River sowie einem chinesischen Drachenbootrennen mit rund 40 Teams aus aller Welt (www.bostondragonboat.org)

Der Boston Marathon ist einer der größten seiner Art in den USA

- **Boston Harbor Fest (Juli):** Das mehrtägige Hafenfest der Stadt findet immer in Kombination mit den Feierlichkeiten zum 4. Juli statt. Eigentlich handelt es sich um mehrere Festivals in einem: u. a. Kunstmärkte, Musik und ein Clam-Chowder-Festival mit Prämierung der besten Muschelsuppe Bostons (www.bostonharborfest.com).
- **Boston's Fourth of July (Juli):** Das in Boston besonders farbenfrohe Fest zum Nationalfeiertag findet insbesondere am Ufer des Charles River statt.
- **Italienische Straßenfeste (Aug.):** Das **St. Anthony's Feast** im North End ist ein mehrtägiges italienisches Straßenfest, das im Jahr 1919 von italienischen Einwanderern ins Leben gerufen wurde: Gefeiert wird mit Paraden, Umzügen, Musik und viel Essen (www.stanthonysfeast.com). Bereits seit 1910 gibt es das **Fisherman's Feast,** das ebenso im North End stattfindet und ein sehr ähnliches Programm hat (www.fishermansfeast.com).

September bis Dezember

- **The Boston Freedom Rally (Sept.):** Die jährliche Hanfparade findet seit Ende der 1980er-Jahre am dritten Samstag im September statt und hat trotz der fortschreitenden Liberalisierung und Entkriminalisierung von bewusstseinserweiternden Hanfprodukten wie Haschisch oder Marihuana in den USA bisher nichts von ihrer Anziehungskraft eingebüßt (https://masscann.org).
- **Arlington International Film Festival (Okt.):** Streng genommen nicht in Boston, aber nur wenige Kilometer von der Stadtgrenze entfernt und gut mit dem ÖPNV erreichbar. Die mittlerweile berühmte Non-Profit-Veranstaltung feiert und ehrt den internationalen Film. Außer Filmen in der jeweiligen Originalsprache (mit englischen Untertiteln) bietet das Festival u. a. Diskussionen mit Filmschaffenden und Rahmenveranstaltungen, die sich über das gesamte Jahr erstrecken (https://aiffest.org).
- **Boston Bookfestival (Okt.):** jährliches Festival zu Ehren des Buches mit zahlreichen Lesungen, Vorträgen und Veranstaltungen an verschiedenen Orten (https://bostonbookfest.org).
- **Head of the Charles Regatta (Okt.):** Am dritten Wochenende im Oktober messen sich über 10.000 Athleten in über 60 Ruder-Wettbewerben auf dem Charles River. Die Teilnehmer kommen aus allen Teilen der Welt: Amateure und Profis aus Schulen, Universitäten und Ruderclubs. Für die Zuschauer gibt es am Ufer ein umfangreiches Rahmenprogramm (www.hocr.org).
- **Boston Jewish Film Festival (Nov.):** In Kinos in und um Boston werden jeden November etwa 60 Filme gezeigt, die von rund 15.000 Menschen besucht werden. Das aktuelle Programm und Infos zu den Aufführorten gibt es auf der Website (www.bostonjfilm.org).

Feiertage

- **New Year's Day:** 1. Januar
- **Martin Luther King Jr. Day:** dritter Montag im Januar
- **President's Day (Washington's Birthday):** dritter Montag im Februar
- **Easter Sunday:** beweglicher Feiertag im März/April
- **Memorial Day:** letzter Montag im Mai (Beginn der Sommer-/Feriensaison)
- **Juneteenth:** 19. Juni
- **Independence Day:** 4. Juli
- **Labor Day:** erster Montag im September (Ende der Sommer-/Feriensaison)
- **Columbus Day:** zweiter Montag im Oktober
- **Veterans Day:** 11. November
- **Thanksgiving Day:** vierter Donnerstag im November
- **Christmas Day:** 25. Dezember

An den Feiertagen haben Behörden (etwa auch die Post) geschlossen, an Thanksgiving und Christmas Day auch alle Geschäfte.

- **First Night (Dez.):** In Boston wurde 1975 die First Night begründet, die mittlerweile in Hunderten von US-Städten gefeiert wird. Dabei handelt es sich um ein Kultur- und Musikfestival in der Silvesternacht mit frei zugänglichen, kostenlosen Bühnen und Veranstaltungen, die sich über das gesamte Stadtgebiet erstrecken. Interessant besonders auch abseits des Zentrums (www.firstnightboston.org).

⊡ Boston ist nach wie vor von Backstein geprägt. Das Pierce-Hichborn House von 1711 befindet sich direkt neben dem Paul Revere House ⓰.

BOSTON VERSTEHEN

051bo-as

Boston – ein Porträt

Die Lage am Wasser war von Beginn an bestimmend und prägend für die Stadt, und sie ist es noch heute.

Downtown und seine Umgebung sind **in drei Richtungen von Wasser umgeben:** Im Osten liegt das Meer, im Westen der breit aufgestaute Charles River und im Norden vermischen sich der Charles und der Mystic River in einer ausladenden Hafenlandschaft mit dem Wasser des Atlantik.

Der **Flughafen** liegt auf einer Halbinsel östlich der Innenstadt. Stadt und Airport sind durch Hafen und Mündungsgebiet voneinander getrennt (und durch Tunnel miteinander verbunden). Sowohl der Flughafen als auch das zentrale Boston sind in großen Teilen das Ergebnis von Landgewinnung und Aufschüttungen, die über Jahrhunderte erfolgten.

Die Stadt ist heute 232 km² groß, etwa die Hälfte der Fläche ist Wasser. Von der Landfläche wiederum sind etwa zwei Drittel durch Aufschüttungen dem Meer abgerungen worden. Ein Kuriosum für eine Großstadt sind sicher die **Boston Harbor Islands** 35, vorgelagerte Inseln im Atlantik, die vom Nationalpark verwaltet werden und größtenteils mit Fähren angefahren werden können.

Durch die Aufschüttungen hat sich der **geografische Charakter der Stadt** seit Ankunft der ersten Siedler im frühen 17. Jh. grundlegend verändert. Zwei der drei von den europäischen Migranten um 1630 beschriebenen Hügel auf der Halbinsel, die heute die Bostoner Innenstadt ausmacht, wurden im Zuge der Landgewinnungen abgetragen – nur die Tremont Street, eine Abwandlung von „Trimountaine“, einem frühen Namen der Halbinsel, verweist noch auf die ehemals drei Gipfel. Heute ist nur der Beacon Hill noch in Teilen erhalten, ein von alten Backsteinhäusern und engen, teils sehr steilen Straßen und Gassen geprägtes Viertel.

Roter Backstein herrscht immer noch in weiten Teilen Bostons vor,

trotz gigantischer Stadterneuerungsprojekte, innerstädtischem Autobahnbau und einem Hochhausboom im 20. Jh. Das gilt außer für Beacon Hill auch für das North End, das zwar weniger hügelig, aber ebenso dicht bebaut ist und auch immer noch zu großen Teilen aus einem **Gewirr von krummen Straßen und Gässchen** besteht. Dieser vom sonst für US-Großstädte üblichen „Schachbrett" abweichende Stadtgrundriss ist auch der Tatsache geschuldet, dass es sich bei Boston um **eine der ältesten Städte Nordamerikas** handelt und sie noch an europäische Hafenstädte erinnert.

Ebenso von Backstein dominiert, aber bereits in besagtem Schachbrettgrundriss angelegt ist das mondäne Viertel **Back Bay**, in dem einige der wichtigsten Sehenswürdigkeiten, das Gros der Einkaufsmöglichkeiten und mit dem Prudential Tower auch der höchstgelegene Aussichtspunkt der Stadt zu finden sind (View Boston, s. S. 10). Es grenzt im Norden an die **Charles River Esplanade**, die sich als langgezogener Park entlang des Flusses bis in den Norden der Stadt zieht und dort (unterbrochen nur von mehreren großen Brücken) auf den **Harborwalk** trifft, der einen Bogen um die Innenstadt herum in Richtung Süden beschreibt. Man kann große Teile der Stadt also am Wasser umrunden.

Große Teile des Hafenrands, das Regierungsviertel und der Financial District sind Orte, die ihr Gesicht im Laufe des 20. Jh. stark verändert haben und heute mit einem Potpourri **moderner Baustile** aufwarten. In den letzten Jahrzehnten sind besonders entlang des Wassers viele neue Wohn- und Geschäftsgebäude der gehobenen Kategorie entstanden, auch hochpreisige Hotels sind darunter. Der gesamte Stadtteil **West End** ist ein Ergebnis der Stadtplanung der 1950er-Jahre. Hier steht kein älteres Gebäude mehr.

Viel Grün und viel Wasser: segeln auf dem Charles River

024bo ©rabbit75_fot, stock.adobe.com

Die imposante, im Stil des Brutalismus errichtete **City Hall** mit den sie umgebenden Gebäuden und Plätzen, als Government Center bezeichnet, ist wiederum unverkennbar ein Kind der 1960er-Jahre. Vom Government Center in Richtung Süden bis nach Chinatown hinein dominieren **Hochhäuser des 20. und 21. Jahrhunderts.** Von dort zieht sich der Gürtel moderner Hochhausbauten südlich der Back Bay in Richtung Westen weiter. Ein Erbe der 1950er-Jahre ist allerdings nahezu komplett wieder verschwunden: Die mehrspurige Autobahn, die Boston für mehrere Jahrzehnte durchschnitt, befindet sich seit 2007 in einem Tunnel. Darüber durchzieht heute der **Rose Fitzgerald Kennedy Greenway** die Stadt.

Die **Halbinsel**, auf der die Innenstadt Bostons heute liegt, war bei Ankunft der Europäer lediglich durch einen dünnen „Hals" im Süden mit dem Festland verbunden. Durch die erwähnten Aufschüttungen ist dieser Hals heute sehr breit geworden, der ursprüngliche Charakter der Halbinsel ist aber bis heute sichtbar. Ihr „Kopf" besteht aus **Downtown** und dem **Financial District**, um die sich im Uhrzeigersinn die Stadtteile **Beacon Hill, West End, North End, Waterfront** und **Chinatown** sowie der Boston Common mit dem Public Garden gruppieren. Südwestlich der Parks schließt sich bereits als Teil des breiten „Halses" die **Back Bay** an, in selber Richtung weiter dann **South End, Fenway** und das bereits etwas vorstädtischer wirkende, weniger dicht bebaute **Jamaica Plain.**

Die Stadtteile haben in den letzten Jahrzehnten und insbesondere den letzten Jahren eine enorme **Gentrifizierungswelle** durchlebt. In den 1980er-Jahren waren selbst weite Teile der Innenstadt verwahrlost, Wohnungen waren sogar auf dem Beacon Hill oder in der Back Bay aus heutiger Sicht für „einen Apfel und ein Ei" zu bekommen. Das hat sich radikal gewandelt. Mittlerweile ist die Gentrifizierung auch in vorstädtischen Vierteln wie Jamaica Plain weit fortgeschritten. In der näheren Umgebung der Innenstadt gilt etwa **Roxbury** noch als ärmere und mitunter auch gefährlichere Gegend. In Innenstadt-

Stadtplaner mit Humor: Godzilla auf dem Stadtmodell in der City Hall 7

nähe und insbesondere am Wasser wachsen gigantische Wohnprojekte in den Himmel, vor allem auch entlang des Seaport Boulevard, der aus der Innenstadt kommend den Fort Point Channel überquert und in das nördliche South Boston hineinläuft.

Die **Verkehrsachsen** der Stadt verlaufen wie erwähnt vor allem auf Höhe des „Kopfes" der Stadt sehr verwunden und kurvig und nehmen in Richtung Süden (mit abnehmendem Alter der Stadtviertel) zunehmend die für Nordamerika gängigere Schachbrettform an. Gute Orientierung in der Innenstadt bietet das grüne Band des Rose Fitzgerald Kennedy Greenway, das sich von Chinatown im Süden in einem Bogen nahe der Waterfront und dann zwischen Downtown/Government Center und dem North End hindurchzieht, bevor die Autobahn auf Höhe der North Station ans Licht kommt und die imposante Bunker Hill Memorial Bridge in Richtung Charlestown überquert. Auf Höhe des Aquariums beginnt die **State Street**, die in Richtung Westen in die Cambridge Street übergeht; beide durchqueren den „Kopf" der Halbinsel von Ost nach West. Eine gute Orientierung bieten natürlich auch immer wieder das Wasser, das die Innenstadt umgibt, und auch der Freedom Trail (s. S. 12), der rot auf den Gehwegen markiert ist.

Vom Public Garden führt die **Boylston Street** schließlich auf den Copley Square, den zentralen Platz in der Back Bay, von dem wiederum die **Huntington Avenue** am Prudential Center vorbei nach Fenway verläuft, dort zur **Avenue of the Arts** 27 wird und dem **Emerald Necklace** (s. S. 51) sehr nah kommt. Ansonsten wird man sich in Richtung Südwesten eher am Nahverkehr und hier insbesondere am U-Bahn-Netz orientieren.

Boston in Zahlen

- **Gegründet:** 1630
- **Einwohner:** ca. 676.000 (Metroregion: ca. 5 Mio.)
- **Bevölkerungsdichte:** ca. 5400 pro km²
- **Fläche:** 232 km² (davon 107 km² Wasser), Metroregion ca. 11.700 km²
- **Höhe ü. M.:** 43 m

Von den Anfängen bis zur Gegenwart

Die Geschichte des modernen Boston beginnt 1630 mit der Gründung durch puritanische Migranten aus England. In den folgenden Jahrhunderten spielte die Stadt eine maßgebende Rolle bei der Entstehung und Entwicklung der Vereinigten Staaten. Heute ist sie Zentrum einer blühenden Metropolregion und eine Welthauptstadt der Wissenschaft.

Die ältesten Siedlungsspuren der Gegend sind ca. 7500 Jahre alt und stammen aus der **Archaischen Periode** der Besiedlung des nordöstlichen Amerika. Sie wurden bei Grabungen entdeckt und stammen von den Menschen, die von europäischen Einwanderern später **Indianer** genannt werden sollten. Im Fall Bostons handelte es sich um die **Massachusett**, nach denen der Bundesstaat benannt ist. Sie wurden bereits vor der Gründung Bostons zu Beginn des 17. Jh. von aus Europa eingeschleppten Krankheiten wie Gelbsucht, Pocken oder Scharlach, denen sie aufgrund fehlender Immunität schutzlos ausgeliefert waren, nahezu ausgelöscht. Die Landnahme der Engländer stieß dementsprechend auf kaum Widerstand.

KURZ & KNAPP

Zur Terminologie des Wortes „Indianer"

Beim Wort „Indianer" („Indians") denken viele – in guter alter Karl-May-Tradition – sofort an Reiter mit Kopfschmuck und Lendenschurz. In der Realität weisen die meisten indianischen Völker – allein in den USA gibt es über 560 – kaum Gemeinsamkeiten auf, was auch ihre zahlreichen Namen belegen.

Als **„politically correct"** werden die Bezeichnungen **„Native Americans"** oder **„Native People"** angesehen – im Deutschen unzureichend mit „Ureinwohner" wiedergegeben. Allerdings ist diese Bezeichnung bei den damit Gemeinten wenig beliebt. Wie einmal der indianische Chef des NMAI meinte: „Jeder, der in Nordamerika geboren ist, ist ein ‚Native American', ein gebürtiger Amerikaner. Ich persönlich bin ein Hopi, wer das aber nicht weiß, für den bin ich eben ein ‚Indianer'." In der Tat ziehen die meisten Indianer, ob Apache, Navajo, Nez Perce, Hopi oder Ute, **„American Indian"** als Bezeichnung vor, sofern man die genaue Stammeszugehörigkeit nicht kennt. Von „Indianer" zu sprechen, ist also durchaus in Ordnung.

1628: Gründung der Massachusetts Bay Company zum Zweck der Kolonisierung von Teilen des späteren Neuengland

1630: Unter der Führung von John Winthrop erreichen etwa 700 puritanische Siedler aus England Nordamerika. Im selben Jahr wird auf der weitgehend bewaldeten, hügeligen Shawmut-Halbinsel die Stadt Boston gegründet. Der Name nimmt Bezug auf die gleichnamige, an der englischen Ostküste gelegene Stadt, aus der viele der Siedler stammen.

1634: Boston Common, der älteste Stadtpark Nordamerikas, wird eröffnet.

1636: Gründung der Harvard University, der ersten Hochschule Nordamerikas

1638: Das älteste Sklavenschiff Amerikas, die Desiré, landet erstmals in Boston.

1648: Margaret Jones wird als erste von vielen späteren Opfern als „Hexe" gefoltert und hingerichtet.

1658: Das erste Rathaus wird eröffnet.

1660: Es gibt zwei große Friedhofserweiterungen für die wachsende Stadt: Copp's Hill und Granary.

Ca. 1680: Bau des Paul Revere House, heute eine der größten Attraktionen der Stadt

1686–1689: Boston ist Hauptstadt des kurzlebigen Dominion of New England, einer zentralistischen Verwaltungseinheit unter der Regie des höchst unbeliebten englischen Gouverneurs Sir Edmund Andros. Ein Aufstand in Boston führt zur Absetzung von Andros und dem Ende des Dominions.

1690: Die erste Tageszeitung zirkuliert in der Stadt („Publick Occurrences").

1691: Massachusetts wird britische Kronkolonie (Province of Massachusetts Bay).

1705: Benjamin Franklin wird in der Bostoner Milk Street geboren.

1710–1713: Eine Serie von Aufständen wegen Hunger erschüttern die Stadt (Boston Bread Riots).

1716: Der erste Leuchtturm Nordamerikas wird im Boston Harbor errichtet.

1721/22: Die verheerendste Pockenepidemie der Stadtgeschichte fordert offiziell 844 Todesopfer – bei wenigen Tausend Einwohnern eine enorme Zahl.

1723: Die Old North Church, die älteste heute noch stehende Kirche Bostons, öffnet ihre Pforten.

1743: Eröffnung der Faneuil Hall, Versammlungs- und Markthalle und zentraler Ort der Revolution.

1747: Der gewaltsame Einzug mehrerer Dutzend Männer zum Militärdienst entfacht den größten vorrevolutionären Aufstand gegen die britische Kolonialmacht. Beteiligt sind insbesondere Arbeiter.

1760: Ein Feuer vernichtet große Teile der Stadt. Ihm fallen Hunderte Gebäude, Lagerhallen und Schiffe zum Opfer. Tote sind zwar keine zu beklagen, die knappen Ressourcen aufgrund des andauernden Siebenjährigen Krieges gegen Frankreich, der auch in Nordamerika tobt, erschweren jedoch den Wiederaufbau. In der Stadt leben jetzt gut 15.000 Menschen.

1765: Der Stamp Act, letztendlich eine sehr moderate Steuer zur Finanzierung des Kriegs gegen Frankreich, erzürnt die Menschen in den britischen Kolonien Nordamerikas derart, dass die gewaltsamen Proteste als Auftakt der revolutionären Phase gesehen werden können („No taxation without representation!“).

1768: Die britische Zollbehörde eröffnet ihre Zentrale in Boston. Andauernde Unruhen führen zur Aufstockung der britischen Truppen in der Stadt. Zölle bleiben tatsächlich allerdings minimal.

1770: Bei einer als Boston Massacre bekannt gewordenen Konfrontation töten britische Soldaten fünf amerikanische Demonstranten. Das Ereignis wird in den Folgewochen von Revolutionären wie Paul Revere und Samuel Adams instrumentalisiert, um Stimmung gegen die Kolonialmacht zu machen.

1773: Die Boston Tea Party (s. S. 30) markiert einen entscheidenden Höhepunkt der Auseinandersetzungen um Steuerzahlungen und Mitspracherechte zwischen Kolonisten und Kolonialmacht.

1775–1776: Die Belagerung Bostons ab April markiert den Beginn des US-amerikanischen Unabhängigkeitskriegs. Im Juni findet die Schlacht von Bunker Hill statt, aus der die Briten siegreich hervorgehen. Er erweist sich in der Folge allerdings als zu teuer erkaufter Sieg. Die Belagerung Bostons endet im März 1776 mit dem Abzug der Briten.

1787–1788: Die Verfassung wird ratifiziert, Massachusetts wird mit der Hauptstadt Boston Teil der nun unabhängigen USA. Die Bevölkerung der Stadt liegt nach wie vor bei gerade einmal 18.000.

1797: Das älteste noch schwimmende Kriegsschiff der Welt, die USS Constitution, läuft in Boston vom Stapel.

1807: Gründung des Boston Athenæums, heute eine der ältesten Bibliotheken Nordamerikas

1826: Der bis heute sehr beliebte Quincy Market öffnet seine Tore.

1836: Bei einer Gerichtsverhandlung um zwei aus den Südstaaten geflohene Sklavinnen kommt es zu Tumulten im Gerichtssaal. In den Folgejahren kommt

053bo-as

⊡ *Vor dem Quincy Market (s. S. 25) aus dem Jahr 1826 ist es nur frühmorgens so leer*

es in Boston immer wieder zu teils erfolgreichen Rettungsaktionen für entflohene Sklaven.

1840: Die ersten Dampfschiffe der Cunard-Linie nehmen auf der Route Liverpool–Boston den Betrieb auf. Die Einwohnerzahl Bostons nähert sich der 100.000-Marke. Ab Mitte des 19. Jh. massiver Zuzug von Iren, Italienern und osteuropäischen Juden. Es gibt ethnisch- und sozialbedingte Spannungen. Die irische Gemeinschaft stellt später zahlreiche Bürgermeister und mit John F. Kennedy auch einen US-Präsidenten.

1862–1865: Der Oneida Football Club entsteht als die erste Fußballmannschaft Nordamerikas. Die Regeln sind allerdings ungewöhnlich: Das als „Boston Game" bekannte Spiel ist eine Mischform aus europäischem Fußball und American Football.

1863: Das Boston College öffnet seine Pforten.

1865: Das Massachusetts Institute of Technology (MIT) wird eröffnet.

1872: Das größte Feuer der Stadtgeschichte zerstört 26 Hektar bzw. 776 Häuser in Downtown. Der Wiederaufbau der Stadt, in der mittlerweile (auch durch Eingemeindungen) 250.000 Menschen leben, zieht sich über Jahre hin.

1892: Eine erste dreitägige Konferenz afroamerikanischer Frauen in Boston resultiert unter anderem in der Gründung einer nationalen Interessengruppe.

1897: Die erste Subway Nordamerikas geht in Boston in Betrieb. Die Tunnel aus dem Eröffnungsjahr bilden heute den zentralen Teil der Green Line. Die Fahrzeuge dieser Linie ähneln einer Straßenbahn.

1900: Zur Jahrhundertwende leben in Boston etwa 560.000 Menschen. Es findet eine verstärkte afroamerikanische Migration aus den Südstaaten statt.

1901: Der Eisschwimmclub L Street Brownies wird gegründet, ebenso der wesentlich bekanntere Baseballclub Boston Red Sox.

1912: Die erste „echte" Subway mit Zügen in U-Bahn-Größe geht in Betrieb (Red Line). Außerdem eröffnet der Fenway Park, das Baseball-Stadion der Red Sox.

1913: Unter der Boylston Street (Stadtteil Back End) werden auf über zwei Hektar große Fischreusen entdeckt, die über einen Zeitraum von etwa 1500 Jahren errichtet wurden (Boylston Street Fishweir).

1919: Etwa 8,5 Mio. Liter Zuckersirup, gelagert zur Rumproduktion, ergießen sich nach dem Bersten eines Tanks über Teile des North End. Die als Great Molasses Flood bekanntgewordene Katastrophe fordert 21 Menschenleben und Dutzende Verletzte. Es dauert Monate, bis Stadt und Hafen von der zähen Flüssigkeit gereinigt sind.

1924: Die Boston Bruins werden als eines der ersten sechs Eishockeyteams Nordamerikas gegründet.

1927: Die Hinrichtung der beiden italienischstämmigen Anarchisten Nicola Sacco und Bartolomeo Vanzetti in Boston führt zu tagelangen Unruhen und mehreren Bombenanschlägen in verschiedenen Ländern.

1934: Der Sumner Tunnel unter dem Hafen Bostons wird eröffnet. Er verbindet bis heute Downtown mit East Boston und dem Flughafen.

1942: Fast 500 Menschen sterben bei einem Feuer im Bostoner Nachtclub Cocoanut Grove.

1945: Das berühmte Berklee College of Music öffnet seine Pforten.

1946: Der Basketballclub Boston Celtics wird gegründet.

1950: Räuber erbeuten in der örtlichen Zentrale der Sicherheitsfirma Brinks fast

Alt und Neu begegnen sich rund um die Trinity Church ㉔

054bo-as

2,8 Mio. Dollar. Als Great Brinks Robbery geht dieser Raub in die US-Geschichte ein und wird mehrmals verfilmt.

1950er-/1960er-Jahre: Mehrere Stadterneuerungsprojekte verändern Boston grundlegend: Im West End werden knapp 20 Hektar dicht besiedeltes Stadtgebiet komplett neu bebaut, im Zentrum müssen rund 1000 Bauten und 20.000 Bewohner dem Government Center weichen. Mehrere Autobahnen werden gebaut.

1955: Martin Luther King Jr. promoviert an der Boston University.

1958: Der Freedom Trail (s. S. 12) wird eingerichtet.

1968: Wie in allen US-Großstädten kommt es auch in Boston ab Ende der 1960er-Jahre zu ethnischen Konflikten („Rassenunruhen").

1970: Die Boston Pride findet zum ersten Mal statt. Außerdem gibt es zahlreiche Anti-Kriegs-Demonstrationen.

1974–1976: Höhepunkt der rassistisch motivierten Unruhen wegen der Aufhebung der Rassentrennung im öffentlichen Schulsystem.

1990: Aus dem Isabella Stewart Gardner Museum werden 13 Kunstwerke im Wert von ca. 500 Mio. Dollar gestohlen – der größte Kunstraub der Geschichte. Die Räuber werden nie gefasst, die Kunstwerke sind bis heute verschwunden.

2003: Die Boston Red Sox gewinnen zum ersten Mal seit 86 Jahren die World Series.

2007: Fertigstellung des „Big Dig", des teuersten Straßenprojekts in der Geschichte der USA. Der ehemals die Stadt zerschneidende Freeway wird unter die Erde verlegt, Umgehungen gebaut, der Flughafen besser angebunden. Die Bauarbeiten begannen 1991 und hätten 1998 abgeschlossen sein sollen, geplante Kosten: 2,8 Mrd. Dollar. Bei der Fertigstellung 2007 standen unter dem Strich jedoch 14,6 Mrd. Dollar.

2013: Ein Bombenanschlag während des Boston Marathon tötet drei Menschen und verletzt Hunderte.

2018: Bisher letzter World-Series-Erfolg der Boston Red Sox.

2020/21: Das 400-jährige Jubiläum zur Ankunft der Mayflower wird aufgrund der Covid-19-Pandemie nur abgespeckt und über zwei Jahre verteilt gefeiert.

2021: Mit der zum parteipolitisch linken Flügel der Demokraten gehörigen Michelle Wu wird die erste Frau und erste Person asiatischer Herkunft zur Bürgermeisterin Bostons gewählt.

055bo-as

Leben in der Stadt

Boston ist eine blühende Hafen-, Handels- und Wissenschaftsstadt und das unangefochtene Zentrum Neuenglands. Der Hafen war von Beginn an Mittelpunkt des wirtschaftlichen Lebens. So war es folgerichtig auch ein Handelskonflikt im Hafen von Boston, der als Ausgangspunkt der US-amerikanischen Revolution gilt: die berühmte Boston Tea Party.

Die 1636 gegründete Harvard University im nahen Cambridge ist heute die älteste Hochschule Nordamerikas und Teil der berühmten „Ivy League", einer Gruppe von acht privaten Elite-Universitäten. Mit dem nicht minder prestigeträchtigen MIT befindet sich in der Nachbarschaft eine der führenden technischen Hochschulen. Insgesamt befinden sich in Boston und seiner direkten Umgebung an die 100 Hochschulen.

Lange galt Boston zudem als **Hauptstadt der WASPs (White Anglo-Saxon Protestants)**, also der stolzen Nachfahren protestantischer Briten. Entstanden ist der Begriff allerdings zunächst als abwertend gemeinte Abgrenzung von anderen europäischen Siedlern, namentlich der katholischen Iren, die mit WASP eine überproportional mächtige und einflussreiche Gruppe innerhalb der amerikanischen (insbesondere neuenglischen) Gesellschaft bezeichneten. Am Ende des 19. Jahrhunderts begann diese Vorherrschaft zu bröckeln, im Laufe des 20. Jahrhunderts verschwand sie vollkommen.

Der hohe Bevölkerungszuwachs in den vergangenen Jahrzehnten hat die **Bevölkerungsstruktur** der Stadt grundlegend gewandelt – wobei diese eigentlich schon immer im Wandel war. Menschen europäischer, afroamerikanischer und asiatischer Ab-

⌃ Inmitten des quirligen Viertels Back Bay lädt die Commonwealth Avenue [A5–C3] zur Rast

› Der Fish Pier [J5] im ansonsten glitzernden Seaport District scheint aus der Zeit gefallen

stammung waren schon im 19. Jh. etablierte Bevölkerungsgruppen, wobei die Europäer immer dominierend blieben. 1950 waren beispielsweise 95 % der Bewohner Bostons „weiß“, von da an nahm ihr Anteil jedoch stetig ab. Dafür sorgte unter anderem auch die Abwanderung der weißen Bevölkerung in die Vororte, wie man es aus dem gesamten urbanen Amerika kennt. Gleichzeitig wanderten Menschen aus anderen Teilen der USA und aus aller Welt zu. In den letzten Jahren kam es etwa zu einem vermehrten Zuzug aus Lateinamerika. Heute präsentiert sich Boston als **ethnisch vielfältige Weltmetropole.** Der Anteil aller „weißen“ Europäer zusammen liegt in der Stadt nun bei etwa 44 %, mehr als ein Viertel der Bewohner ist nicht in den USA geboren.

Allerdings ist das **Selbstverständnis des Bostonians** – egal welcher ethnischen Herkunft – nach wie vor davon geprägt, etwas kultivierter, weltgewandter und gebildeter zu sein als der „Rest“ des Landes. Dieser „Rest“ goutiert das damit, die Bostonians als elitär und arrogant zu betrachten. Dabei haben diese Vorurteile durchaus ihre statistischen und empirischen Grundlagen: Zum einen besitzt die Bevölkerung Bostons de facto **einen der höchsten Akademikeranteile** der Welt und in der Tat ist auch das **kulturelle Leben** in der Stadt enorm reichhaltig. Nicht zuletzt gilt Boston als ein Hort der Philanthropie und beispielsweise seine **LGBT+ Community** ist bereits seit Jahrzehnten nicht nur im Stadtbild, sondern auch in der Stadtpolitik sehr präsent.

Auch **Umweltfragen** stehen ganz oben auf der Agenda: vom Aquarium, in dem ein großer Teil der Ausstellung dem Klimawandel gewidmet ist, über Schautafeln am Harborwalk, die die Folgen des menschengemachten Klimawandels am Bostoner Hafen veranschaulichen, und das allgegenwärtige Recycling bis hin zur Fokussierung auf Regionalität und Nachhaltigkeit in Lokalen und Geschäften.

Insgesamt präsentiert sich Boston heute als in jeder Hinsicht **vielfältige, liberale Großstadt** und das spiegelt sich auch in demografischer und politischer Hinsicht wider. Die

056bo-as

Bevölkerung ist statistisch betrachtet **überdurchschnittlich jung, weiblich und gebildet.** Nicht einmal 6% der Wähler sind als Republikaner registriert (mehr als 50% Demokraten und mehr als 40% sind ungebunden): selbst im tendenziell liberalen Neuengland eine Ausnahme. Der letzte republikanische Bürgermeister regierte vor knapp 100 Jahren und bei Präsidentschaftswahlen erhielten die demokratischen Kandidaten seit den 1990er-Jahren regelmäßig um die drei Viertel der Stimmen.

Nach dem Bevölkerungsschwund in den 1960er- bis 1990er-Jahren ist die Stadt in den letzten Jahrzehnten wieder enorm gewachsen und hat heute **eine der höchsten Bevölkerungsdichten in den USA.** Damit einher ging eine fortschreitende **Gentrifizierung,** die nicht nur zur Aufwertung, sondern auch zur extremen Verteuerung vieler ehemals vernachlässigter und günstiger Stadtteile geführt hat. Während Roxbury, ein afroamerikanisch geprägter Stadtteil, bis heute als „Hinterhof" der Stadt gilt, sind viele ehemals günstige Stadtteile wie Jamaica Plain längst zu begehrten In-Vierteln geworden. Verdrängung, die Verlagerung und Neudefinition ethnischer und sozialer Grenzen sind die Folge, was immer wieder **soziale Konflikte** schürt. Gewaltsam werden diese allerdings heute nicht mehr ausgetragen. Die letzten großen Unruhen aufgrund von sozialen/ethnischen Spannungen gab es Mitte der 1970er-Jahre.

Die **Kriminalitätsrate** in Boston ist im landesweiten Vergleich niedrig. Boston gilt als sichere Großstadt. Ganze Viertel sind seit den 1990er-Jahren neu entstanden, ehemals verlassene Lagerhallen sind heute Lofts oder Ateliers (z. B. SoWa Art & Design District), auf ehemals citynahem Brachland stehen heute glitzernde Glaspaläste (z. B. Fort Point/ Seaport). Nicht zuletzt hat sich die Stadt auch städtebaulich wieder **zum Wasser geöffnet.** Der Harborwalk und die Bauten entlang des Hafens zeugen davon.

057bo-as

◁ *Für die USA eher ungewöhnlich: die alten verwinkelten Gässchen auf dem Beacon Hill (s. S. 39)*

PRAKTISCHE REISETIPPS

058bo-as

An- und Rückreise

Mit dem Flugzeug

Bei einer Anreise mit dem Flugzeug kommt man in der Regel auf dem **Boston Logan International Airport** (BOS, www.massport.com) an, der sich nur etwa 5 km von der Innenstadt entfernt befindet. Er ist der größte Flughafen Neuenglands und einer der am schnellsten wachsenden in den USA. **Direkte Verbindungen** gibt es mit Lufthansa von Frankfurt und München und mit Swiss von Zürich aus. Ansonsten sind London, Dublin, Paris oder Amsterdam gängige europäische **Umsteigeflughäfen** auf dem Weg nach Boston. Günstige Flüge gibt es mitunter auch mit Icelandair mit Umstieg in Reykjavík.

Ein Direktflug von Mitteleuropa nach Boston dauert rund 8 bis 9 Std. Die **Preise** sind je nach Saison und Buchungsglück sehr unterschiedlich: Eine frühe Buchung ist oft, aber nicht immer günstiger, die Onlinepreise schwanken selbst im Tagesrhythmus erheblich. Normalerweise muss man für ein Hin- und Rückflugticket mind. 600 € bis über 1000 € rechnen.

Reisende aus Europa kommen am **Terminal E** an. Der Transport zwischen den Terminals wird mit Bussen, dem sog. **Massport Shuttle**, abgewickelt und ist kostenlos.

Vorseite: Millionenstadt mit Fischflotte – hier wird Seafood aus dem Meer angelandet, nicht vom Lkw

An der Wassertaxi-Haltestelle des Flughafens, die Innenstadt im Blick

Vom Flughafen in die Stadt

Bereits am Flughafen kann man ein ÖPNV-Ticket für den gesamten Aufenthalt erwerben (s. S. 125).

Downtown ist vom Logan Airport aus einfach und schnell mit dem kostenlosen Expressbus der **Silver Line** zu erreichen. Die Linie verkehrt in etwa von 5 Uhr morgens bis weit nach Mitternacht und verbindet in ca. 20 Min. alle Terminals mit der South Station [F4] in Downtown. Von dort kommt man mit S-Bahn (Commuter Rail) und U-Bahn weiter (s. S. 125). Zu Randzeiten fährt der Bus mit einer Taktung von 15 bis 20 Min., zu Stoßzeiten etwa alle 8 Min.

› www.mbta.com/schedules/741/line

Die Airport-Haltestelle der **U-Bahn** erreicht man mit dem Massport Shuttle von allen Terminals. Die **Blue Line** fährt von etwa 6 Uhr bis nach Mitternacht je nach Tageszeit und Wochentag alle 5 bis 15 Min. Es sind nur zwei Stationen bis in die Innenstadt. Die einfache Fahrt kostet $ 2,40 p. P.

› www.mbta.com/schedules/Blue/line

Die kostenlose Buslinie 66, die man von allen Terminals aus erreicht, hält am Dock des Logan Airport, von wo aus mit der **Hafenfähre** ($ 9,75) oder dem **Wassertaxi** ($ 15) in die Innenstadt (Long Wharf) übergesetzt werden kann. Die eventuelle Wartezeit wird dort bereits mit einem herrlichen Blick auf Downtown versüßt – die wohl reizvollste Art, vom Flughafen in die Stadt zu gelangen.

› **Abfahrtszeiten und Preise Hafenfähre:** www.mbta.com/destinations/logan-airport
› **Routen und Preise Wassertaxi:** www.cityexperiences.com/boston/city-cruises/water-taxi (Fahrplan siehe Website, Tickets können an Bord gekauft werden)

059bo-as

oder https://redtopboats.com (Tel. 617 982 3298, anrufen und bestellen, wenn man im Bus 66 eingestiegen ist)

An allen Terminals finden sich auf den unteren „Arrivals"-Bereichen 24 Stunden am Tag operierende **Taxis.** Der Preis (Taxameter) ist je nach Tageszeit und Verkehrslage sehr unterschiedlich (ab ca. $ 25 in die Innenstadt). Bei etwas außerhalb liegenden Zielen sollte man nach einem Festpreis fragen. Die **Ridesharing-Dienste** wie Uber oder Lyft fahren ebenfalls in allen Terminals in den unteren Arrivals-Bereichen ab, genau wie Expressbusse ins Umland und in diverse Städte der Ostküste.

› **Informationen:** www.boston-logan-airport.com/transportation

Mit dem Auto

Boston wird im Norden, Westen und Süden in einem großen Halbkreis von der **I-95** umschlossen. Wer die Stadt in einen längeren **Roadtrip** durch die USA und/oder Kanada einbinden will und mit dem Auto oder Wohnmobil anreist, wird zunächst auf die Interstate stoßen und von dort je nach Richtung eine der Radialen in die Innenstadt wählen.

Allerdings ist von der Fahrt mit dem Auto oder gar mit einem Wohnmobil in die zentralen Bereiche Bostons **grundsätzlich abzuraten.** Die Stadt ist unübersichtlich, voller Einbahnstraßen und mit dem Auto schwer zu navigieren. Zudem sind **Parkplätze** rar und sehr teuer: Wenn man einen Parkplatz ergattert, ist man locker zwischen $ 12 und $ 20 für die erste Stunde los und ab rund $ 40 oder auch wesentlich mehr pro Tag. Selbst Hotels schlagen für das Parken gern satte Gebühren auf den Zimmerpreis auf (ggf. nachfragen!). Angesichts des hervorragenden Nahverkehrs in Boston und Umgebung ist ein Auto für Besucher nicht nötig.

Mit Bus und Bahn

Amtrak verknüpft über die **South Station** [F4] bzw. **North Station** [E1] Boston mit der gesamten Ostküste: von Norden mit Portland (Maine) und von Süden mit Washington, Philadelphia und New York. Zudem trifft in Boston die Strecke aus dem Westen (Chicago, Niagara Falls) auf die in Nord-Süd-Richtung verlaufende Küstenlinie. Insofern ist die Stadt einer der Knotenpunkte im US-Bahnsystem.

Die Bahnhöfe befinden sich beide in der Innenstadt und sind durch **Regionalzüge** und die **U-Bahn** mit der Metropolregion und darüber hinaus verknüpft. Außerdem steuern die South Station **Expressbusse** (Silver Line) und zahlreiche **Linienbusse** an.

- **Amtrak:** www.amtrak.com/stations/bos
- **Northeast Regional:** www.amtrak.com/northeast-regional-train
- **Commuter Rail:** www.mbta.com/schedules/commuter-rail
- **U-Bahn:** www.mbta.com/schedules/subway
- **Silver Line:** www.mbta.com/schedules/741/line

In direkter Nachbarschaft der South Station befindet sich zudem das **South Station Bus Terminal**, an dem **Fernbusse** von und nach Boston halten. Zu den Anbietern (sehr preiswert, z. B. einfach nach New York für $ 5) gehören unter anderem:

- **FlixBus:** www.flixbus.com
- **Greyhound:** www.greyhound.com
- **Megabus:** https://us.megabus.com
- **Peter Pan:** https://peterpanbus.com

Autofahren

Für das **Parken** in Boston darf man gut und gerne $ 50 pro Tag rechnen, etwas außerhalb des Zentrums etwa $ 30. Das gilt auch für Hotelparkplätze, die im Zimmerpreis oft nicht inbegriffen sind. Die Fortbewegung in der Stadt geht langsam vonstatten, morgens und nachmittags/abends steht man meistens im Stau, ansonsten an einer der zahllosen Ampeln. Wen das nicht abschreckt, der sollte ein paar **Besonderheiten im US-Straßenverkehr** beachten. In aller Kürze: Rechtsabbiegen bei Rot ist grundsätzlich erlaubt. Fußgänger und Fahrradfahrer haben stets Vorrang. Die Rechts-vor-links-Regel gibt es nicht; wer zuerst kommt, fährt zuerst. Rechts überholen ist erlaubt, was insbesondere auf den Interstates (Autobahnen) zu beachten ist.

Geduld mitbringen: Auf den Straßen und Autobahnen Bostons wird es oft voll

Die South Station ist einer der Verkehrsknotenpunkte Bostons

060bo ©f11photo, stock.adobe.com

An der Zapfsäule findet man in der Regel drei verschiedene Arten von **Benzin,** die nach ihrer Oktanzahl (zum Beispiel 87, 89, 92) benannt sind. Neuere Wagen und somit nahezu alle Leihwagen müssen mit der günstigsten Variante (87) betankt werden.

Bezahlt wird immer vor dem Tanken: Wenn man volltanken will und den Betrag nicht weiß, gibt man einen höheren Betrag an und lässt sich den Überschuss danach entweder bar auszahlen oder er wird auf die Kreditkarte zurückgebucht.

Barrierefreies Reisen

Die Vereinigten Staaten im Allgemeinen und Boston im Speziellen sind ein gutes Reiseland für Menschen mit Behinderung *(people with disabilities).* Barrierefreiheit ist Standard: von **Hotelzimmern** und **Museen** über **Gehwege** und **Verkehrsmittel** bis hin zu **Behindertenparkplätzen.**

› Infos: www.bostonusa.com/plan-your-trip/getting-around/accessibility

Diplomatische Vertretungen

Die ausländischen Botschaften und Konsulate im Heimatland sind in erster Linie für die Erteilung von Visa zuständig. Es gibt **US-Botschaften** in Berlin, Wien und Bern sowie zahlreiche Konsulate in anderen Städten.

› **Deutschland:** https://de.usembassy.gov
› **Österreich:** https://at.usembassy.gov
› **Schweiz:** https://ch.usembassy.gov

Wer **konsularische Dienste in Boston** in Anspruch nehmen will oder muss (z. B. bei Passverlust), sollte sich an das zuständige Generalkonsulat wenden.

•**162** [B5] **German Consulate General Boston,** Three Copley Place, Suite 500, Boston, MA 02116, www.germany.info/us-en/embassy-consulates/boston, Tel. 617 3694900, telefonisch erreichbar Mo.–Do. 8–16 Uhr, Fr. 8–13 Uhr, persönlich nur nach Anmeldung über das Online-System

› **Austrian Consulate General New York,** 31 East 69th Street, New York, NY 10021, Tel. 212 7376400, www.bmeia.gv.at/gk-new-york

› **Consulate General of Switzerland in New York,** 633 Third Avenue, 30th floor, New York, NY 10017-6706, Tel. 212 5995700, Helpline EDA Tel. +41 800 247365, www.eda.admin.ch/countries/usa/de/home.html

Ein- und Ausreisebestimmungen

Dank des **Visa Waiver Program (VWP)** ist ein Visum für Staatsbürger von Deutschland, Österreich und der Schweiz bei einem Aufenthalt von **max. 90 Tagen** und Vorlage eines Rückflugtickets nicht nötig. Besucher müssen im Besitz eines **Reisepasses** sein, der mindestens noch die gesamte Aufenthaltsdauer gültig ist. Auch **Kinder** benötigen einen eigenen Pass. Reisen Kinder nur mit einem Elternteil, sollte auf jeden Fall eine **Einverständniserklärung des anderen Elternteils** mitgeführt werden.

Alle Personen, die ohne Visum einreisen, auch Kinder, müssen sich spätestens 72 Stunden vor Abflug online über das **Electronic System for Travel Authorization (ESTA)** registrieren lassen. Dieser Registrierungsvorgang kostet einmalig den Gegenwert von $ 21 und erlaubt eine mehrfache Einreise innerhalb von zwei Jahren, sofern der Pass so lange gültig ist.

Die Registrierung erfolgt bei der Flugbuchung im Reisebüro oder bei Selbstbuchung im Internet auf der folgenden Website:

› https://esta.cbp.dhs.gov

Außerdem benötigen die Fluggesellschaften mind. 72 Stunden vor Abflug alle maßgeblichen **Passagierdaten** zur Weiterleitung an die **Transportation Security Administration (TSA).** Normalerweise werden die Angaben bereits bei der Flugbuchung gemacht. Die erste Aufenthaltsadresse in den USA inklusive Postleitzahl (ZIP-Code) kann auch beim Check-in nachgereicht werden (z. B. die des ersten Hotels).

Wer länger als 90 Tage im Land bleibt – zum Beispiel zum Studieren oder Arbeiten – oder Staatsbürger eines Landes ist, das nicht am VWP teilnimmt, muss sich ein **Visum** beschaffen. Ebenfalls nicht mehr visumsfrei einreisen dürfen Reisende, die seit dem 1.3.2011 in den **Irak**, den **Sudan**, den **Iran** oder nach **Syrien** gereist sind oder die entsprechende **doppelte Staatsangehörigkeit** besitzen. Auch Reisende, die nach dem 12.1.2021 in Kuba waren, benötigen ein Visum.

Einreisekontrolle

Am **Immigration Counter** des ersten Flughafens in den USA wird der Pass gescannt und es werden evtl. Fragen zu Reiseroute, Zweck der Reise, Reisebudget, Beruf, Bekannten oder Freunden in den USA gestellt. Der Immigration Officer nimmt **elektronische Fingerabdrücke** und macht ein **Foto,** ehe er den Stempel in den Pass setzt, der die Aufenthaltsdauer in der Regel auf 90 Tage begrenzt. Der Vorgang selbst dauert nur wenige Minuten, die Warteschlangen vor den Schaltern können jedoch lang sein.

Infos zu aktuellen **Einreisebestimmungen** findet man beim Auswärtigen Amt des eigenen Heimatlands oder unter www.cbp.gov/travel/international-visitors.

Zoll

Die **Zoll-Bestimmungen** sollten ernst genommen werden, um mögliche Komplikationen bei Ein- oder Ausreise zu vermeiden. Im Flugzeug werden weiße Zollerklärungen *(US customs forms)* verteilt, auf denen anzugeben ist, ob und welche Waren mitgeführt werden. Dabei gilt: Bargeldsummen über $ 10.000 müssen deklariert werden. Die Einfuhr tierischer und pflanzlicher Frischprodukte und

062bo-as

Lebensmittel (auch Reiseproviant!) sowie von Samen und Pflanzen ist streng verboten. Bei Medikamenten in größeren Mengen empfiehlt es sich, ein ärztliches Attest (am besten in englischer Sprache) mitzuführen.

› **Weitere Infos:** www.cbp.gov/travel/international-visitors

Details zu den Einfuhrbestimmungen bei der **Rückreise** sind bei den Zollämtern bzw. auf deren Websites zu erfahren:

› **Deutschland:** www.zoll.de
› **Österreich:** www.bmf.gv.at/zoll
› **Schweiz:** www.ezv.admin.ch

Elektrizität

Die **Netzspannung** beträgt in ganz Nordamerika 120 V, daher müssen mitgebrachte Geräte wie Föhn oder Rasierapparat umstellbar sein. Für den Gebrauch von elektronischen Geräten sind **Adapter** erforderlich, die im Handel günstig zu erwerben sind. Der Einfachheit halber sollten sie vor Antritt der Reise angeschafft und mitgebracht werden.

Geldfragen

Währung und Zahlungsmittel

Die Währung in den USA ist der **US-Dollar.** Die Wechselkurse schwanken mitunter erheblich. Das am meisten genutzte Zahlungsmittel ist die **Kreditkarte** *(credit card),* wobei Visa und Mastercard die gebräuchlichsten sind. Bei der **Bargeldabhebung am Geldautomaten** (ATM) mit Kreditkarte fallen bis zu $ 5 Gebühren an, ggf. zusätzlich zu Gebühren der Heimatbank (dort vor Abreise unbedingt nachfragen). Generell gilt: Seltener, aber dafür größere Beträge abzuheben, ist günstiger. Tipp: Wenn man im Super- oder Drogeriemarkt eine Kleinigkeit kauft, gibt es immer die Möglichkeit des kostenlosen **Cashback,** also der Bezahlung mit Karte, die man auf Nachfrage mit einem Extra-Betrag belasten lassen kann, der dann ohne Gebühr in bar ausgehändigt wird.

Es empfiehlt sich in jedem Fall, stets etwas **Bargeld** mit sich zu führen: z. B. für Trinkgeld, aber auch für Einkäufe auf Märkten oder in kleinen Geschäften. Zudem gibt es noch immer einige wenige Restaurants, die nur Bargeld nehmen. Immer auf akzeptierte Zahlungsmittel bzw. **„Cash Only"-Hinweise** achten! Generell kann man jedoch spätestens seit der Covid-19-Pandemie na-

Wechselkurs
(Stand Frühjahr 2024)

$ 1	0,92 €/0,87 SFr
1 €	$ 1,09
1 SFr	$ 1,15

Netzspannung beachten und Adapter mitbringen!

Boston preiswert

- Für den günstigen **Transport** sorgen die preiswerten öffentlichen Verkehrsmittel (s. S. 125) oder ein Bluebikes-Leihfahrrad (s. S. 116), das bereits ab $ 10 pro Tag zu haben ist.
- Für kleines Geld **essen** kann man im Selbstbedienungsbereich der Biomärkte von Whole Foods (s. S. 84). In Restaurants und Bars sollte man immer nach Specials fragen.
- Die günstigsten **Unterkünfte** sind die Dorms in den Hostels (s. S. 124). Sie sind auch der beste Ort, um andere Reisende zu treffen.
- An bestimmten Tagen sind einige der **Museen** kostenlos bzw. sehr günstig zugänglich, etwa das Museum of Fine Arts (28), das Institute of Contemporary Art (13) und das Children's Museum (s. S. 60). Es lohnt sich, zu aktuellen Angeboten die jeweiligen Websites zu konsultieren. Der Besuch der USS Constitution (18) ist grundsätzlich kostenlos. Sehr zu empfehlen ist auch die kostenlose Tour durch die **Samuel Adams Boston Brewery** (s. S. 72).
- **Geführte Spaziergänge** (s. S. 118) durch die Stadt sind mitunter kostenfrei, etwas Trinkgeld sollte man allerdings auf jeden Fall geben. Die meisten Stationen des **Freedom Trail** (s. S. 12) sind ebenfalls kostenlos zugänglich.
- Empfehlenswert ist die Website **Localite Boston** (www.localite.com/boston), auf der man sich nach täglich aktualisierten (Food-) Specials und anderen günstigen bzw. freien Angeboten erkundigen kann („Cheap Resources").

hezu überall kontaktlos mit Karte oder Smartphone bezahlen. Für Zahlungen im Hotel oder für einen Mietwagen ist eine **Kreditkarte** sowieso unerlässlich.

Debitkarten (in Deutschland auch als **Girocard** bekannt) mit Maestro-Funktion sind noch bis zu ihrem Laufzeitende gültig, werden aber seit Juli 2023 sukzessive gegen sogenannte Mastercard-Debit-Karten ausgetauscht, mit denen man ebenfalls im Ausland zahlen und Geld abheben kann. Debitkarten mit V-Pay-Symbol funktionieren außerhalb der EU generell nicht, die neuen Visa-Debitkarten hingegen in der Regel schon. Viele Banken sperren Debitkarten aus Sicherheitsgründen für den **Einsatz im außereuropäischen Ausland** oder beschränken den Verfügungsrahmen. Man sollte sich im Vorfeld erkundigen und die Karte ggf. freischalten lassen.

Umrechnungskurs am Geldautomaten

Beim Abheben von Bargeld in Landeswährung wird manchmal angeboten, dass die Abrechnung mit dem eigenen Konto in Euro erfolgen kann. Das Verfahren ist als **Dynamic Currency Conversion (DCC)** bekannt. Wählt man diese Option, die ja sicherer erscheint, wird aber ein ungünstiger Wechselkurs zugrunde gelegt, der erhebliche Kosten verursachen kann. Deshalb sollte man Abhebungen immer in der Landeswährung vom eigenen Konto abbuchen lassen. Dann legt die eigene Bank den offiziellen Devisenkurs zugrunde. Der Dynamic Curreny Conversion also keinesfalls zustimmen und die Beträge immer in US-Dollar bezahlen, falls danach gefragt wird!

Preise und Kosten

Boston ist nicht billig. Im Stadtgebiet, geschweige denn im Zentrum, ist ein **Hotel** selten unter $ 200 pro Zimmer und Nacht zu haben. An Wochenenden im Sommer und Feiertagen zahlt man unter Umständen noch wesentlich mehr. **Günstigere Alternativen** sind Angebote außerhalb der Stadt, privat vermietete Unterkünfte oder ein Etagenbett im Schlafsaal des zentral gelegenen Youth Hostels (s. S. 124).

Die Preise für **Lebensmittel** schwanken stark, sind generell aber höher als in Europa, vor allem bei qualitativ hochwertiger Ware. Bio-Supermärkte wie Whole Foods oder die Marktstände des Boston Public Market (s. S. 80) etc. sind teurer als normale Supermärkte, Letztere gibt es aber eher an Ausfallstraßen als zentral in der Stadt.

Auch ein **Restaurantbesuch** ist teurer als in Europa. Ein paar Richtwerte: Ein Glas Wein kostet ab $ 7, ein kleines gezapftes Bier ab $ 5. Burger von Fast-Food-Ketten sind ab $ 2 zu bekommen, in Bars und Restaurants kosten sie $ 15 oder mehr – allerdings in entsprechender Qualität und mit reichlich Beilagen. Ein Hauptgericht in einem einfachen Familienrestaurant (Diner) gibt es ab etwa $ 15 aufwärts, in angesagten Lokalen und gehobener Gastronomie mindestens das Doppelte aufwärts.

☒ Gut ausgeschildert: der Freedom Trail (s. S. 12)

Informationsquellen

Infostellen in der Stadt

🛈163 [E4] **Boston Common Visitor Center,** 139 Tremont St. (Boston Common), Tel. 001 617 5364100, täglich 8.30–16 Uhr. Zentrale Touristeninformation in der Innenstadt.

Boston im Internet

Wer sich vorab über Boston informieren möchte, dem steht im Internet eine unüberschaubare Vielfalt an Reiseberichten, Blogs, Artikeln und Fotoserien zur Verfügung. Auf jeden Fall einen Blick wert sind die folgenden Websites:

› **www.boston.gov/visiting-boston:** Tourismus-Website der Stadt
› **www.meetboston.com:** offizieller Internetauftritt des Tourismusbüros
› **https://boston.curbed.com:** aktuelle Informationen aus und zu den Stadtteilen Bostons

063b-as

- **www.boston.com:** Stadtzeitung mit News und Empfehlungen

Publikationen und Medien

- **The Boston Globe:** seit 1872 bestehende Tageszeitung, die bereits zahlreiche Pulitzer-Preise gewonnen hat (www.bostonglobe.com)
- **Boston Magazine:** Lifestyle-Magazin mit Fokus auf Boston und Umgebung, das bereits seit den 1960er-Jahren existiert (www.bostonmagazine.com)
- **WBUR:** Nachrichtensender von National Public Radio (NPR, www.wbur.org) mit Infos zu Boston

Smartphone-Apps

- **Bluebikes:** App für das Bostoner Fahrradleihsystem (s. S. 116, kostenlos für Android und iOS)
- **Citymapper:** Nützlicher Routenplaner für den ÖPNV. Listet alle verfügbaren Alternativen inklusive des ungefähren Preises für Ridesharing-Dienste oder die nächstgelegene Fahrradleihstation. Tracking von U-Bahn, Bussen und Zügen in Echtzeit (kostenlos für Android und iOS).
- **Street Food Boston:** praktische Übersicht aller Food Trucks und ihres aktuellen Aufenthaltsortes (kostenlos für Android und iOS)

Meine Literaturtipps

- Atwood, Margaret: **„Der Report der Magd“ („The Handmaid's Tale“).** Die dystopische, postapokalyptische Handlung dreht sich um einen Staatsstreich durch christlich-religiöse Fanatiker, die Frauen zu Gebärmaschinen degradieren.
- Hawthorne, Nathaniel: **„Der scharlachrote Buchstabe“ („The Scarlet Letter: A Romance“).** Spielt in der Massachusetts Bay Colony im 17. Jh. Der Plot entspinnt sich um Ehebruch und ein uneheliches Kind in der fanatisch-religiösen Gemeinschaft der Puritaner und erkundet Fragen nach Sünde und Sühne, Schuld und Moral.
- Hochgeschwender, Michael: **„Die Amerikanische Revolution. Geburt einer Nation 1763–1815“.** Sachbuch zur Frühphase der US-amerikanischen Revolution, das natürlich auch auf die Rolle Bostons eingeht.
- King, Stephen: **„Puls“ („Cell“).** Horrorroman, in dem Herden von „Phoners“ – durch ein mysteriöses Handysignal zu Zombies transformierte Menschen – zunächst in Boston und später weit darüber hinaus ihr Unwesen treiben.
- Lehane, Dennis: **„Spur der Wölfe“ („Mystic River“),** William Morrow 2001. Roman, der in einem fiktiven Arbeiterviertel Bostons spielt. Einer von drei Jungen wird Opfer eines schlimmen Verbrechens, seine Freunde sind Zeugen. Später im Leben werden sie von diesem Verbrechen auf grausame Weise eingeholt. 2003 von Clint Eastwood verfilmt.
- Richards, Eugene: **„Dorchester Days“.** Großartiger Bildband des bekannten Sozialfotografen über seine Heimatstadt in den frühen 1970er-Jahren, damals gezeichnet von Rassismus, Armut und Gewalt.
- Smith, Zadie: **„Von der Schönheit“ („On Beauty“).** Campus-Roman über zwei Akademikerfamilien in Boston, der unter anderem kulturelle Unterschiede, die Suche nach Identität, zwischenmenschliche Beziehungen, das Selbstverständnis progressiver Eliten und den Begriff der Schönheit zum Thema hat.

083bo-as

› **Transit Bus & Subway Times:** Plant Fahrten mit dem ÖPNV, findet die nächste Haltestelle und meldet recht akkurat die Ankunft des nächsten Verkehrsmittels. Funktioniert in mehr als 200 Städten weltweit, unter anderem in Boston (kostenlos für Android und iOS)

Internet

Kostenloses **WLAN (Wifi)** ist in Boston, zumindest in den Teilen der Stadt, wo sich Touristen in der Regel bewegen, wie am Flughafen, in Hotels, Restaurants, Bars und Cafés, Museen und öffentlichen Gebäuden, gang und gäbe. Falls der Name des WLAN-Netzes und/oder das Passwort nicht ausgeschrieben sind, einfach nachfragen.

LGBT+

Massachusetts war 2004 der erste Staat in den USA, der gleichgeschlechtliche Ehen erlaubte, und in Boston wurde bereits 1974 die erste offen lesbische Politikerin ins Repräsentantenhaus gewählt. Die vielfältige LGBT+ Community ist fester Bestandteil des kulturellen, sozialen und politischen Lebens in Boston. Schon seit den 1940er-Jahren gilt **South End** als Hotspot der Szene, ebenso wie **Jamaica Plain** und Teile von **Dorchester**. Die zentralen Veranstaltungen sind das **Boston Pride Festival & Parade** (s. S. 86) im Juni und die **Youth Pride** (s. S. 86) im Mai jeden Jahres.

› **www.gaymafiaboston.com:** Links zu verschiedenen Social-Media-Seiten mit Veranstaltungstipps
› **https://boston.edgemedianetwork.com:** nationale News mit Fokus auf die LGBT+ Community, aktuelle regionale Infos
› **http://bostonspiritmagazine.com:** LGBT-Lifestyle-Magazin aus und für Boston, gibt es auch als Hochglanz-Printausgabe
› **www.meetboston.com/plan/trip-ideas/lgbtq-boston:** Die Website des Tourismusbüros bietet Infos, ein Veranstaltungsprogramm, Tipps etc.
› **www.massvacation.com/lgbtq:** Das Tourismusbüro des Staates Massa-

Patriotismus und Vielfalt schließen sich in Boston nicht aus

chusetts bietet Informationen für die queere Community, inklusive Hinweise zur Hochzeitsplanung und Tipps für Familien mit gleichgeschlechtlichen Eltern.

Maße und Gewichte

Längen

1 inch (in)	2,54 cm
1 foot (ft)	30,48 cm
1 yard (yd) (= 3 feet)	0,91 m
1 mile (= 1760 yards)	1,61 km

Flächen

1 square	6,45 cm²
1 square feet	929 cm²
1 square yard	0,84 m²
1 acre	4046,80 m² (0,405 ha)
1 square mile (= 640 acres)	2,59 km²

Hohlmaße

1 pint	0,47 l
1 quart (= 2 pints)	0,95 l
1 gallon (= 4 quarts)	3,79 l

Gewichte

1 ounce (oz)	28,35 g
1 pound (= 16 ounces)	453,59 g

Temperaturen

Umrechnungsschlüssel: (Grad Fahrenheit – 32) x 0,56 = Grad Celsius, z. B.:

23 Grad F	-5 Grad C
32 Grad F	0 Grad C
50 Grad F	10 Grad C
60 Grad F	15 Grad C
70 Grad F	21 Grad C
80 Grad F	27 Grad C
90 Grad F	32 Grad C

Medizinische Versorgung

Europäische Krankenkassen decken die medizinische Versorgung während eines USA-Aufenthalts normalerweise nicht. Es ist daher ratsam, eine **Auslandsreisekrankenversicherung** abzuschließen. Bei manchen Kreditkarten sind sie bereits inkludiert (vorher informieren).

Die Versorgung in den USA ist allgemein sehr gut, vorausgesetzt man ist zahlungskräftig. Das muss vor einer Behandlung in der Regel auch nachgewiesen werden, z. B. durch **Vorlage einer Kreditkarte.** Man muss auf jeden Fall in Vorkasse gehen und Ausgaben werden erst bei Vorlage von Rechnungen und Diagnosen nach Rückkehr ins Heimatland von der Versicherung rückerstattet.

Krankenhäuser

Alle großen Bostoner Kliniken bieten Services bzw. Anlaufstellen für internationale Patienten. Dort weiß man in der Regel auch über das Procedere mit Auslandskrankenversicherungen Bescheid. Die folgenden **Kliniken mit Notaufnahme** *(emergency room)* befinden sich in Zentrumsnähe:

⊕164 [D2] **Massachusetts General Hospital,** 55 Fruit St., Tel. 617 726 2000, www.massgeneral.org, Anfahrt: U-Bahn (Red Line) bis Charles/MGH. Mit Kinderkrankenhaus (www.massgeneral.org/children).

⊕165 [E5] **Tufts Medical Center,** 800 Washington St., Tel. 617 636 5000, www.tuftsmedicalcenter.org, Anfahrt: U-Bahn (Orange Line) bis Tufts Medical Center. Universitätsklinik der namhaften Tufts University inkl. Notaufnahme und Kinderklinik.

Apotheken

Wer **Medikamente** benötigt, kann diese in den *pharmacies* einer der zahlreichen **Drogeriemärkte** *(drugstores)* erwerben. Große Ketten sind etwa CVS (www.cvs.com) oder Walgreens (www.walgreens.com). Die Websites bieten eine Suchfunktion für die nächstgelegene Filiale *(store locator)*.

Nicht verschreibungspflichtige Medikamente (und davon gibt es wesentlich mehr als in Europa) kann man selbst aus dem Regal nehmen, **Rezepte** *(prescriptions)* werden an einem Schalter, der sich meist im hinteren Bereich der Märkte befindet, eingelöst. Auch große Supermärkte (Walmart etc.) haben Drogerieabteilungen und Rezeptschalter.

⊕166 [C5] **CVS (1),** 587 Boylston St., Back Bay, 24 Std. geöffnet

⊕167 [D2] **CVS (2),** 155 Charles St., neben U-Bahn-Station Charles/MGH (Red Line), West End, 24 Std. geöffnet

⊕168 [E4] **CVS (3),** 631 Washington St., direkt an der U-Bahn-Station Chinatown (Orange Line), täglich 7–23 Uhr

⊕169 [F3] **Walgreens Pharmacy (1),** 24 School St., Downtown, täglich 7–23 Uhr

⊕170 [B5] **Walgreens Pharmacy (2),** 841 Boylston St., Back Bay, täglich 7–23 Uhr

Mit Kindern unterwegs

Boston ist für Familien ein lohnendes und aufregendes Ziel und man hat die Qual der Wahl. Zum Beispiel sind die vielen **Reenactments** historischer Begebenheiten (s. S. 22) und die Museen an den verschiedenen Orten der **Amerikanischen Revolution** meist auch für Kinder interessant, aber es gibt auch eine ganze Reihe weiterer

◻ *Nicht nur für Kinder faszinierend: das New England Aquarium* ⑪

familiengerechter Museen und Ausstellungen, die andere Themenfelder behandeln: Das **Boston Children's Museum** (s. S. 60) und das **Legoland Discovery Center** richten sich hauptsächlich an Kinder. Das **New England Aquarium** ⓫ mit seinen **Whale-Watching-Touren** ist für alle Altersgruppen interessant, genau wie das **Museum of Science** ㉒ mit seinen interaktiven Ausstellungen. Teile des **USS Constitution Museum** sind ebenfalls auf Kinder zugeschnitten und vermitteln Spannendes über Schifffahrt und Schiffbau.

•171 **Legoland Discovery Center,** 598 Assembly Row, Somerville, https://boston.legolanddiscoverycenter.com, Mo.-Do. 10-20, Fr., Sa. 10-21, So. 11-18 Uhr, Eintritt ab $ 27 p. P., 4D-Kino und Virtual Reality Experience gegen Aufpreis, Anfahrt: U-Bahn (Orange Line) bis Assembly Row. Das Indoor-Spielparadies ist etwa bei schlechtem Wetter zu empfehlen und von Boston aus in wenigen Minuten mit der U-Bahn erreichbar.

Begrünte Spielplätze finden sich vor allem rund um Neubauprojekte wie hier im Seaport District

Auch die **Versorgung der ganz Kleinen** ist kein Problem: Die unter „Medizinische Versorgung" genannten Drogeriemärkte (s. S. 113) führen ein großes Sortiment an Nahrung, Windeln etc. für Babys und Kleinkinder. Der **Whole Foods Market** (s. S. 84) führt Bio-Kindernahrung und Windeln ohne chemische Zusatzstoffe.

Notfälle

Notruf und Polizei

Die landesweite **Notrufnummer** ist die **911.** Bei Verlust von Dokumenten o. Ä. helfen Reisenden aus Deutschland, Österreich und der Schweiz die konsularischen Vertretungen (s. S. 105) weiter. Eine zentrale **Polizeidienststelle** findet sich hier:

172 [E2] **Boston Police,** District Downtown, 40 New Sudbury St., https://police.boston.gov, Tel. 617 3434240

Fundsachen

› **Fundbüro des Flughafens:** www.massport.com/logan-airport/at-the-airport/lost-and-found
› **Fundbüro des ÖPNV (Subway, Commuter Rail, Busse, Fähren):** www.mbta.com/customer-support/lost-and-found

Kartensperrung

Bei **Verlust der Debit-/Giro-, Kredit- oder SIM-Karte** gibt es für Kartensperrungen, falls nicht mit der eigenen Bank-App möglich, eine **deutsche Zentralnummer** (vor der Reise klären, ob die eigene Bank beziehungsweise der jeweilige Mobilfunkanbieter diesem Notrufsystem angeschlossen ist). **Aber Achtung:** Mit der telefonischen Sperrung sind die Bezahlkarten zwar für die Bezahlung/Geldabhebung mit der PIN gesperrt, nicht jedoch für das **Lastschriftverfahren mit Unterschrift.** Man sollte daher auf jeden Fall den Verlust zusätzlich bei der Polizei zur Anzeige bringen, um gegebenenfalls auftretende Ansprüche zurückweisen zu können.

In **Österreich** und der **Schweiz** gibt es keine zentrale Sperrnummer, daher sollten sich Besitzer von in diesen Ländern ausgestellten Debit- oder Kreditkarten vor der Abreise auf jeden Fall bei ihrem Kreditinstitut über den zuständigen Sperrnotruf informieren.

Generell sollte man sich immer die **wichtigsten Daten** wie Kartennummer und Ausstellungsdatum **separat notieren**, da diese unter Umständen abgefragt werden.

› **Deutscher Sperrnotruf:** Tel. 001-49-116116
› **Weitere Infos:** www.kartensicherheit.de, www.sperr-notruf.de

Öffnungszeiten

Zwar gibt es in den USA **keine landesweit verbindlichen Regelungen** in puncto Öffnungszeiten, letztendlich unterscheiden sie sich aber gar nicht so sehr von denen in Europa. Ansonsten gilt:

› **Banken:** in der Regel samstagnachmittags und So. geschlossen
› **Ämter:** meist nur wochentags 9–17 Uhr geöffnet
› **Museen:** meist tgl. geöffnet, falls nicht, ist Mo. der bevorzugte Ruhetag
› **Supermärkte** (vor allem die großen Ketten): meist tgl. 6–22 Uhr geöffnet
› **Kleinere Läden:** So. oft geschlossen, ansonsten 9–18 Uhr geöffnet
› **Postfilialen:** meist Mo.–Fr. geöffnet, Sa. oft nur vormittags
› **Restaurants:** schließen So. früher als unter der Woche, nicht selten So. Ruhetag

Post

Aktuell kostet eine **Postkarte** bzw. ein **Standardbrief** nach Europa mit dem staatlichen United States Postal Service (USPS) $ 1,50, ein Päckchen je nach Größe und Gewicht ab $ 15,75. In den Postfilialen liegen kostenlose Umschläge und Kartons für Standardgrößen aus, mit denen der Versand oft günstiger ist. Die Versanddauer variiert stark, von wenigen Tagen bis mehrere Wochen ist alles möglich.

Postfilialen lassen sich über den Online-Filialfinder lokalisieren (www.usps.com, unter „Locations"). Zu den zentral gelegenen Filialen gehören:

✉**173** [F3] **USPS-Postfiliale (1),** 31 Milk St., Mo.–Fr. 7.30–18 Uhr
✉**174** [F2] **USPS-Postfiliale (2),** 217 Hanover St., Mo.–Fr. 8–18 Uhr, Sa. 8–14 Uhr
✉**175** [F5] **USPS-Postfiliale (3),** 25 Dorchester Ave., täglich 6–24 Uhr

Radfahren

Radfahren ist in Boston trotz der teilweise engen Straßen sicher und angenehm: Fahrradstreifen, Radwege, insbesondere auch die zunehmende Umwandlung alter Bahn- und Verkehrsstraßen in sogenannte **Rail Trails** – autofreie, begrünte Trassen für Fußgänger, Fahrradfahrer und Freizeitsportler – machen Radeln in Boston zu einem schönen Erlebnis. Für längere Wegstrecken kann man das Bike auch mit in die U-Bahn nehmen – allerdings nicht an allen Stationen und nicht zu Stoßzeiten.

Bereits seit 2011 gibt es im Großraum Boston ein **Leihsystem für Räder** namens **Bluebikes** mit mittlerweile über 400 Verleihstationen. Für Besucher ist der sogenannte Adventure Pass für $ 10 pro 24 Std. interessant. Eine Einschränkung ist, dass ein Fahrrad immer nur zwei Stunden am Stück geliehen werden kann, sonst werden zusätzlich $ 2,50 pro 30 Minuten fällig, die automatisch von der Kreditkarte abgebucht werden. Man kann aber einfach das Rad vor Ablauf der zwei Stunden an einer der vielen Stationen gegen ein neues tauschen. Gekauft werden kann der Pass an der jeweiligen Station am Automaten, online oder am einfachsten per App.

Andere Fahrradverleihe sind erheblich teurer, bieten jedoch auch deutlich besseres Equipment und verschiedene Fahrradtypen. Die Zwei-Stunden-Regel entfällt und Helme sowie hochwertige Schlösser sind im Preis inbegriffen. Besonders empfehlenswert sind **Urban Adventours** (s. S. 119), die zugleich auch Touren anbieten. Ein einfaches Stadtrad kostet hier $ 45, ein E-Rad $ 100 und ein Performance-Rennrad $ 150 (jeweils für 24 Std.). Alle Räder sind exzellent gepflegt und werden bei Anmietung auf die Körpergröße eingestellt.

› Umfangreiche Infos und praktische Hinweise inkl. Routenplaner und Karten zum **Radfahren in der City:** www.boston.gov/departments/boston-bikes

› **Bluebikes (Leihsystem),** Stationen und Infos (auch zur Verfügbarkeit in Echtzeit) unter https://member.bluebikes.com/map. Die App Bluebikes ist für Android und iOS kostenlos.

⊻ *Station des Leihradsystems Bluebikes*

067bo-as

MEIN TIPP

Mit dem Fahrrad durch die Back Bay nach Jamaica Plain

Wer die Stadt über Downtown und Hafen hinaus erobern will, dem sei unbedingt eine Fahrt mit dem Drahtesel ans Herz gelegt. Auf der hier vorgestellten Tour lassen sich gleichermaßen mondäne Wohnviertel, quirlige Geschäftsstraßen, einsame Parks und jede Menge Sehenswürdigkeiten und Kultureinrichtungen auf aktive und sehr angenehme Weise erkunden. Die gesamte Runde ab Public Garden und zurück umfasst etwa 20 km. Man kann aber auch an mehreren Stellen bei Bedarf abkürzen oder das Fahrrad mit in die U-Bahn nehmen und zurückfahren. Auch die Stadtbusse haben am vorderen Ende Vorrichtungen, auf denen maximal zwei Fahrräder Platz finden.

Die Fahrradtour beginnt am **Public Garden** 1 und führt zunächst auf der Commonwealth Avenue quer durch das Backsteinmeer des Viertels **Back Bay** (s. S. 42). Hier passiert man eine Vielzahl von Denkmälern und Statuen, die an Ereignisse und Persönlichkeiten der Stadtgeschichte erinnern. Nach etwa 1,5 km biegt man links auf die Massachusetts Avenue ab, überquert die große Autobahnschneise und biegt anschließend (das Berklee College of Music befindet sich auf der anderen Straßenseite) erst nach rechts in die Boylston Street und sofort wieder rechts in die Ipswich Street ab. Immer geradeaus geht es auf diesem Weg zum Baseball-Stadion **Fenway Park** 30.

Vom Stadion geht es in den Fenway Garden und damit in das **Emerald Necklace** (s. S. 51). An Schrebergärten vorbei überquert man hier zunächst die Agassiz Road, die die Grünanlage durchschneidet, passiert ein Weltkriegsdenkmal, fährt an einer japanischen Skulptur vorbei, die an eine Urne erinnert, und fährt dann über eine Brücke.

Nach dem Überqueren der Brücke geht es nach rechts. Hier befindet man sich direkt hinter dem **Museum of Fine Arts** 28, das man zumindest einmal umrunden (eigentlich aber sowieso auf jeden Fall besuchen) sollte. Nachdem man nach der Umrundung wieder am Ausgangspunkt angelangt ist und auf der Route weiterfährt, taucht wenig später der Neorenaissance-Bau des **Isabella Stewart Gardner Museums** 29 zwischen den Bäumen auf.

Ab hier wird es für wenige Kilometer etwas „wilder". Man folgt dem Bach im schmalen Fenway Garden (auf welcher Seite ist hier egal, man kann immer wieder Brücken queren) bis in den Olmsted Park und weiter zum großen Jamaica Pond. Diesen sollte man auf der Westseite umrunden, also aus Fahrtrichtung links um den See herumfahren. Am südlichen Ende des Sees geht es auf dem breiten Arborway zum **Arnold Arboretum** 33, dessen Nordspitze durchquert wird.

Den Park verlässt man direkt gegenüber der U-Bahn-Station Forest Hill (Orange Line). Von hier geht es links die South Street (die in die Centre Street übergeht) hinauf und hinein nach **Jamaica Plain** 33 mit seinen vielen kleinen Läden, Restaurants und Cafés, in denen es sich wunderbar etwas rasten lässt. Danach geht es durch ruhige Wohnstraßen und schließlich an den Bahngleisen entlang – auf Höhe der U-Bahn-Station Stony Brook bietet sich ggf. ein Besuch des Biergartens und Taprooms der Samuel-Adams-Brauerei (s. S. 72) an – und dann auf der Columbus Avenue wieder in Richtung Innenstadt und links in die Dartmouth Street zum Compley Square mit dem **Hancock Tower** 23, der **Public Library** 25 und der **Trinity Church** 24. Von dort ist es nur noch ein Katzensprung zurück zum Ausgangspunkt im Public Garden.

Sicherheit

Boston gilt für US-Verhältnisse als **sichere Großstadt.** Wie in vielen US-Großstädten gilt: Es gibt bestimmte Kriminalitätsschwerpunkte, die sich aber abseits der in diesem Buch beschriebenen Routen befinden, und das Gros der Schwerverbrechen fällt in den Bereich der Bandenkriminalität, mit der man als Besucher der Stadt schlicht nichts zu tun hat.

Wie in jeder anderen Großstadt sollte man Handtaschen, Fotoausrüstung, Brieftaschen (womöglich in der Gesäßtasche) und kostbaren Schmuck **nicht offen zur Schau stellen** und Bargeld nur in kleineren Mengen mitführen. Besondere Vorsicht ist bei Massenveranstaltungen und Menschenaufläufen geboten. Auch beim Geldabheben am Bankautomaten sollte man aufmerksam sein und die PIN vor neugierigen Blicken schützen. Im Fall eines Diebstahls wendet man sich an die **Boston Police** (s. S. 114).

Sprache

Im Stadtgebiet sind die Alltagssprachen überwiegend **Englisch** („Amerikanisch") und **Spanisch.** Man kommt mit Englisch, auch wenn es gebrochen ist und mit Akzent daherkommt, in der Regel gut zurecht. Die kleine **Sprachhilfe** im Anhang (s. S. 130) hilft bei der Verständigung.

Stadttouren

Zu Fuß

- **Boston by Foot,** Tel. 617 367 2345, http://bostonbyfoot.org. Geführte Walking Tours zu diversen Themen (ca. 1–2 Std., Preise starten ab $ 8 p. P.). Die mehr als 200 Guides dieser 1976 gegründeten, nicht-kommerziellen Organisation sind alle ehrenamtlich tätig (Trinkgeld nicht vergessen!). Auch viele Bostonians nehmen an den Touren teil, um neue Seiten ihrer Stadt kennenzulernen. Sehr empfehlenswert!
- **Boston City Walks,** Tel. 866 939 2557, http://bostoncitywalks.com. Walking Tours durch Downtown, Back Bay und Waterfront. Je nach Länge der Tour $ 30–45, bis 16 Jahre halber Preis. Es kann (und sollte, zumindest im Sommer) vorher online gebucht werden. Auf der Website sind die aktuellen Touren und Treffpunkte zu finden.
- **Urban Adventures,** Tel. 617 539 8271, www.urbanadventures.com/en/bos

068bo-as

☐ *Urban Adventours (s. S. 119) bietet u. a. Fahrradtouren und Leihfahrräder*

069bo-as

ton. Den bekannten Anbieter von Walking-Touren gibt es auch in Boston. Breites Angebot ab $ 49, thematisch von geschichtlichen bis zu kulinarischen Touren durch das North End oder East Boston. Auf Wunsch auch private, individuell gestaltete Touren.

Mit dem Fahrrad

•176 [G2] **Urban Adventours,** 103 Atlantic Ave., Tel. 617 670 0637, www.urbanadventours.com. Es werden tägliche Gruppen-Touren durch Boston und nach Cambridge oder durch das Emerald Necklace angeboten. Auch Sunset-Touren sind erhältlich. Die meisten Touren kosten ab $ 60 pro Person, Fahrrad inklusive, und dauern bis zu drei Stunden. Private Touren können entweder vollkommen individuell gestaltet werden oder man greift auf bestehende Angebote zurück: Eine Bike & Brew Tour etwa oder eine „Fun"-Route nach Fenway werden nur privat angeboten. Der Mindestpreis für zwei Teilnehmer inklusive Standardräder beträgt hierbei $ 400.

Mit Van und Trolley

› **City Brew Tours,** Tel. 617 453 8687, www.citybrewtours.com/boston. „You Drink, We Drive" – so der Werbespruch von City Brew Tours in Anspielung an die staatliche Kampagne „Don't Drink and Drive". Die gängigste Tour (Mi.–So., $ 89) dauert 3½ Std. und beinhaltet den Besuch dreier Brauereien. Inbegriffen sind Transport, Blicke hinter die Kulissen, Snacks und natürlich Bierproben.

› **City View Trolleys,** Tel. 617 363 7899, www.cityviewtrolleys.com. Einstündige Tour ab $ 38 (bis 12 Jahre $ 16), Hop-on-hop-off-Ticket für beliebig viele Fahrten an einem Tag ab $ 42 (bis 12 Jahre $ 20), für zwei Tage ab $ 78 (bis 12 Jahre $ 38), online günstiger. Im Trolley wird live kommentiert und erzählt, an insgesamt neun Stopps kann man aus- und wieder zusteigen. Die Route deckt den ganzen Innenstadtbereich inkl. North

Bei den Boston Duck Tours (s. S. 121) ist man mit Amphibienfahrzeugen unterwegs

070bo-as

Die Schiffe zum Whale Watching legen neben dem Aquarium ⑪ *ab*

End und Beacon Hill sowie Teile von Charlestown (Navy Yard) ab.

- **Old Town Trolley,** Tel. 855 396 7433, www.trolleytours.com/boston. Hop-on-hop-off-Tour, Ticket für ein oder zwei Tage gültig (9–17 Uhr). Tagesticket ab etwa $ 50, zwei Tage ab etwa $ 80, bis 12 Jahre jeweils in etwa halber Preis. Online günstiger. Die Preise beinhalten auch den Eintritt in mehrere zentrale Sehenswürdigkeiten. Mit Live-Kommentar und insgesamt 18 Stopps. Die Route deckt u. a. den ganzen Innenstadtbereich inkl. North End und Beacon Hill, Teile von Charlestown und die Back Bay ab.

Mit dem Schiff

- **Boston City Cruises,** Tel. 866 307 2469, www.cityexperiences.com/boston/city-cruises. Breite Palette an Angeboten, von der Hafentour (Historic, Sunset etc.) über Wassertaxis bis zum Whale Watching. Eine einstündige Hafentour kostet $ 40 (bis 12 Jahre $ 38), sie führt aus dem Hafen hinaus in die Nähe der Boston Harbor Islands. Die etwa drei- bis vierstündige Whale-Watching-Tour kostet ab $ 65 (kombiniert mit dem Aquarium ⑪ ist sie günstiger). Sie findet an Bord eines Katamarans statt und auf jeder Tour ist ein Biologe des New England Aquarium mit an Bord. Auf der Website informiert ein Blog über die Sichtungen eines jeden Tages. Einzelne, oft gesichtete Tiere werden vorgestellt.
- **Charles Riverboat Tours,** Tel. 617 621 3001, https://charlesriverboat.com/tours. Angebote zu verschiedenen Themen, auch als Sunset- oder Twilight-Touren. Ab $ 25 (bis 12 Jahre $ 16). An Wochenenden werden in Zusammenarbeit mit der Boston Society of Architects (BSA) hochinteressante Architecture Cruises entlang der Harborfront und auf

dem St. Charles River angeboten. Eine einzigartige Möglichkeit, in die zeitgenössische Architektur der Metropole einzutauchen. Die Preise liegen bei $ 40 (bis 12 Jahre $ 30). Abfahrtpunkt für alle Touren ist nahe der U-Bahn-Station Lechmere (Green Line).

- **Boston Duck Tours,** Tel. 617 267 3825, https://bostonducktours.com, Frühjahr bis Herbst, Erw. $ 50, unter 12 Jahre $ 36, Ermäßigungen für Familien und Frühbucher. Außergewöhnliche, preisgekrönte Touren mit Amphibienfahrzeugen über Land und zu Wasser. Per Kopfhörer kann man sich die Infos auch auf Deutsch anhören. Duck Tours bietet drei Abfahrtsorte: Prudential Center (s. S. 80), Museum of Science 22 und New England Aquarium 11. Die Touren (80 Min.) weichen je nach Abfahrtsort leicht voneinander ab, umfassen aber alle gängigen Sehenswürdigkeiten. Manchmal werden geführte Walking-Touren zum MIT 31 und nach Harvard 32 als kostenloser Bonus angeboten.

Mit dem Kajak

- **Paddle Boston** ✿, Tel. 617 965 5110, https://paddleboston.com/guided-tours-trips. Touren über den St. Charles River und durch den Hafen. Es werden sogar Kajaktouren auf dem Meer angeboten. Verschiedene Schwerpunkte, Kombinationen mit Picknick, BBQ oder Restaurantbesuch möglich, von Sunset- bis zu Eco-Touren, die in die Fauna und Flora der Küsten- und Stadtlandschaft einführen. Charles-River-Touren (2½–3 Std.) kosten $ 59 (unter 16 Jahren $ 55), Boston-Harbor-Touren $ 85 ($ 75). Abfahrtspunkt ist in der Regel nahe der U-Bahn-Station Kendall (MIT), manchmal auch von Fort Point. SUP-Touren sind auf Anfrage ebenfalls möglich.

Telefonieren

Die **Landesvorwahl** der USA ist die 001. Ein dreistelliger **area code** geht der **siebenstelligen Rufnummer** voraus und muss auch bei Ortsgesprächen mitgewählt werden. Bei allen im Buch gelisteten Telefonnummern ist er mit angegeben. Boston hat zwei *area codes,* **617 und 857.**

Gebührenfrei sind Nummern, die mit 800, 833, 844, 855, 866, 877, 888 beginnen, teuer sind jene mit 900. Telefonnummern können auch als **werbewirksame Buchstabenkombination** angegeben werden (2 = ABC, 3 = DEF etc.)

Die Mobilfunknetze sind gut ausgebaut. Das Telefonieren mit dem **Handy** (in den USA „mobile phone“ oder „cell phone“ genannt) bereitet im Allgemeinen keine Probleme. Viele Reisende nutzen auch im Ausland eine **mobile Datenverbindung.** Dies ist jedoch häufig mit hohen Kosten verbunden. Man sollte daher vor der Reise bei seinem Netzbetreiber Informationen über evtl. günstigere **Auslandsdatenpakete** einholen oder zur Sicherheit die Mobile-Daten-Option deaktivieren und nur über kostenlose WLAN-Netze ins Internet gehen. Eine weitere Option ist es, sich eine amerikanische **Prepaid-SIM-Karte** für das Smartphone zu besorgen. Am besten fragt man bei Interesse in einem der zahlreichen Läden.

In **Hotels** werden Telefonate in der Regel mit dem Zimmer abgerechnet.

Vorwahlen

- **Deutschland:** 011-49
- **Österreich:** 011-43
- **Schweiz:** 011-41
- **USA:** 001
- **Boston:** 617 und 857

Uhrzeit

In Boston gilt **Eastern Time** und damit herrscht normalerweise eine **Zeitverschiebung von sechs Stunden.** Ist es in Mitteleuropa 16 Uhr, ist es in Boston 10 Uhr morgens. Allerdings finden die Übergänge zwischen **Winter- und Sommerzeit** *(daylight saving time)* an verschiedenen Tagen im Jahr statt. Während die Uhren in Mitteleuropa am letzten Sonntag im März beziehungsweise Oktober umgestellt werden, passiert dies in den USA am zweiten Sonntag im März beziehungsweise am ersten Sonntag im November. So beträgt der Zeitunterschied für einige Wochen im Jahr nur fünf Stunden.

Die Schreibweise des **Datums** ist Monat–Tag–Jahr, also z. B. December 15, 2024 oder 12–15–2024. Die **Tageszeit** wird im 12-Stunden-Modus angegeben und mit **a.m.** für Vormittag bzw. **p.m.** für Nachmittag ergänzt: 6 Uhr morgens ist 6 a.m., 18 Uhr wiederum 6 p.m.

Buchungsportale

Neben Buchungsportalen für **Hotels** (z. B. www.booking.com, www.hrs.de oder www.trivago.de) bzw. für **Hostels** (z. B. www.hostelworld.com) gibt es auch Anbieter, bei denen man **Privatunterkünfte** buchen kann. Die Regeln für die Vermietung von Privatunterkünften (z. B. über Airbnb) wurden in Boston aufgrund des allgemeinen Wohnungsmangels allerdings erheblich verschärft. Private Wohnungen dürfen nur noch in Ausnahmefällen und für maximal wenige Wochen pro Jahr an Touristen vermietet werden, was das Angebot drastisch verringert hat.

Unterkunft

Unterkünfte in Boston sind teuer. Das gilt besonders von Mai (wenn die stolzen Eltern der sehr zahlreichen Hochschulabsolventen anreisen) bis September/Oktober, der Hochsaison für Konferenzen. In Downtown und am Hafenrand gibt es zahlreiche **Hotels** der oberen Preiskategorie, aber auch in der Kategorie **Hostel** wird man zentrumsnah fündig. **Bed-and-Breakfast-Unterkünfte** sind vor allem in den Vierteln Back Bay, Fenway oder Jamaica Plain angesiedelt.

Die **Preise** in Downtown und Umgebung liegen in der Hauptsaison bei mindestens $200 pro Zimmer und Nacht. Im Sommer oder an Wochenenden zahlt man selbst für einfache Unterkünfte mitunter erheblich mehr. Selbst für ein Stockbett im Mehrbettzimmer mit geteiltem Bad sind mindestens $50 fällig. Einzelzimmer gibt es in Hotels nicht, Zimmer können zum gleichen Preis von mehreren Personen belegt werden, was vor allem für Familien attraktiv ist. **Steuern und Gebühren** *(taxes and fees)* sind nicht immer im erstgenannten Preis inbegfriffen; oft werden am Ende bis zu 15% aufgeschlagen. Besser zuvor nachfragen, um Überraschungen zu vermeiden.

Die **Campingplätze** auf den Boston Harbor Islands sind zwar schön und sehr günstig, für einen Besuch in der Stadt aber aufgrund der langwierigen Anreise nicht zu empfehlen.

Motels gibt es nur weiter außerhalb. Wenn man mit dem Auto unterwegs ist und Bosten als Stopp eines Roadtrips einbindet, bieten sich u. U. Motels in der Nähe von einem der Regionalbahnhöfe als Unterkunft an (Infos unter www.mbta.com/schedules/commuter-rail).

Hotel

177 [H6] **Aloft Boston Seaport District** $$, 401–403 D St., Tel. 617 530 1600, www.marriott.com/hotels/travel/bosal-aloft-boston-seaport-district. **Modernes Hotel:** unweit des Hafenrands mit dem Boston Harborwalk, dem Boston Fish Pier und dem Institute of Contemporary Art. Sehr gute Lage inmitten zeitgenössischer Architektur und vielen hippen Bars und Restaurants.

178 [G1] **Battery Wharf Hotel Boston Waterfront** $$-$$$, 3 Battery Wharf, Tel. 617 994 9000, www.batterywharfhotelboston.com. **Großes Hotel direkt am Wasser:** mit breitem Spa- und Wellnessangebot. Hier bezahlt man in erster Linie für die Lage – das macht sich auch preislich bemerkbar.

179 [D4] **Boston Park Plaza** $$-$$$, 50 Park Plaza, Tel. 617 426 2000, www.bostonparkplaza.com. **In Zentrumsnähe:** Nur wenige Fußminuten zum Boston Common und zum Public Garden sowie nach Chinatown. Mit Fitnessräumen und *coffee shop* im Erdgeschoss.

180 [F2] **Canopy by Hilton Boston Downtown** $$$, 99 Blackstone St., Tel. 857 758 4410, www.hilton.com/en/hotels/bostnpy-canopy-boston-downtown. **Direkt am Greenway gelegen:** relativ geräumige Zimmer, teils mit sehr schöner Aussicht. *Coffee shop*, Restaurant und Fitnessräume.

181 [E1] **CitizenM Hotel** $$, 70 Causeway St., Tel. 617 861 4360, www.citizenm.com/destinations/boston/boston-north-station-hotel. **Für Boston-Verhältnisse relativ günstig:** Diese Filiale von CitizenM liegt an der North Station. Gespart wird lediglich an der Zimmergröße, ansonsten sehr sauber und ansprechend gestaltet.

Preiskategorien

Die Preise gelten pro Zimmer und Nacht. Frühstück ist oft, aber nicht immer inbegriffen. In der Hochsaison können die Preise teilweise auch eine Kategorie höher sein.

$	unter $ 200
$$	$ 200–$ 300
$$$	über $ 300

182 [A5] **Newbury Guest House** $$-$$$, 261 Newbury St., Tel. 617 670 6000, www.newburyguesthouse.com. **Modernisierter, historischer Backsteinbau in der Back Bay:** Alle Zimmer (mind. 20 m²) mit privatem Bad. Die direkte Umgebung bietet zahllose Shoppingmöglichkeiten und Restaurants.

183 [A5] **No. 284 powered by Sonder** $, 284 Commonwealth Ave., Tel. 617 300 0956, www.sonder.com. **Kleines Boutiquehotel in einem alten Stadthaus:** Shopping, Restaurants und viele Sehenswürdigkeiten in Fußreichweite.

184 [E3] **Omni Parker House** $$$, 60 School St., Tel. 617 227 8600, www.omnihotels.com/hotels/boston-parker-house. **Denkmalgeschütztes Haus:** Das Hotel gilt als eines der historisch bedeu-

084bo ©4kclips, stock.adobe.com

Denkmalgeschützt logieren: Das zentral gelegene Omni Parker House

tendsten in den Vereinigten Staaten. Hier wandelt man auf den Spuren von illustren Gästen wie Charles Dickens oder John F. Kennedy. Hervorragende Lage in der Back Bay.

185 [D5] **Staypineapple** $, 26 Chandler St., Tel. 866 866 7977, www.staypineapple.com. **Nettes kleines Hotel in altem Gebäude:** Günstige Alternative unweit der Back Bay und dem Theater District. Hoteleigene Fahrräder.

186 [E2] **The Boxer Hotel** $$-$$$, 107 Merrimac St., Tel. 617 624 0202, www.theboxerboston.com. **Klassisch anmutendes Boutique-Hotel in einem markanten „Flat Iron"-Building von 1904:** Hier sind die Zimmer etwas kleiner und daher relativ günstig. Großer Fitnessraum. In Fußreichweite des Zentrums und des North Ends.

187 [A6] **The Midtown Hotel** $, 220 Huntington Ave., Tel. 617 262 1000, www.midtownhotel.com. **Einfach, sauber und verkehrsgünstig gelegen:** Zwischen Back Bay und Avenue of the Arts, gute Anbindung mit der Green Line. Etwas Retro-Charme, vor allem von außen, die Zimmer sind modern. Hat sogar einen schönen Pool im Innenhof. Das Hotel ist oft voll, daher möglichst zeitig buchen.

188 [C6] **The Revolution Hotel** $-$$, 40 Berkeley St., Tel. 617 848 9200, https://therevolutionhotel.com. **Wohnen in umgebauten alten Fabrikhallen:** Dieses Hotel kommt wie ein High-End-Hostel daher: Es gibt Drei- und Vierbettzimmer (allerdings nicht mit Fremden geteilt) sowie bis zu 40 m² große Lofts. Viele Zimmer haben kein eigenes Bad, wobei die Gemeinschaftsbäder sehr sauber sind (Lofts mit eigenem Bad).

189 [bj] **The Verb Hotel** $$-$$$, 1271 Boylston St., Tel. 617 566 4500, www.theverbhotel.com. **Modernisiertes Mid-Century-Hotel aus den 1950er-Jahren:** neben dem Fenway Park 30 und in der Nähe der Avenue of the Arts 27 gelegen. Es gibt Zimmer in verschiedenen Kategorien inklusive stylisher Trailer und Wohnwagen auf dem Hinterhof, die ebenfalls zum Übernachten gemietet werden können.

Bed & Breakfast

190 [C4] **College Club of Boston** $$-$$$, 44 Commonwealth Ave., Tel. 617 536 9510, https://thecollegeclubofboston.com. **Logieren in großbürgerlichem Glanz des 19. Jahrhunderts.** Der Boston College Club, 1890 gegründet, ist als Gesellschaftsclub für Frauen der älteste seiner Art in den USA. Große, mit Antiquitäten und vollen Bücherregalen ausgestattete Einzel- und Doppelzimmer in der Back Bay, Frühstück ist inklusive. Das Bad wird in den meisten Fällen mit einem anderen Zimmer geteilt, trotzdem nicht günstig. Für Liebhaber historischen Charmes.

Hostel

191 [D5] **FOUND Hotel Boston** $, 78 Charles St., Tel. 617 426 6220, www.foundhotels.com/cities/boston. **Sehr günstige Preise für die zentrale Lage:** Nennt sich Hotel, ist aber eigentlich ein Hostel. Erhältlich sind Betten in Dorms oder private Zimmer, teilweise mit eigenem Bad. Alles sehr sauber, Gemeinschaftsräume.

192 [E4] **HI Hostel Boston** $, 19 Stuart St., Tel. 617 536 9455, www.hiusa.org/find-hostels/massachusetts/boston-19-stuart-street. **Jugendherberge zwischen Chinatown und Theater District:** Zentral gelegen, modern und sauber. Es gibt Gemeinschaftsräume, einen Billardtisch und ein Café. Einfaches Frühstück inbegriffen. In erster Linie Dorms, aber auch wenige private Zimmer.

Verhaltenstipps

Die Menschen in Boston sind insbesondere Touristen gegenüber generell **freundlich und hilfsbereit.** Wie in allen Großstädten sind die Manieren im Straßenverkehr und in den öffentlichen Verkehrsmitteln mitunter aber auch etwas ruppiger.

- **Trinkgeld** *(tip/gratuity)* ist in den USA nicht inklusive und wird erwartet, da die Löhne im Dienstleistungsgewerbe sehr niedrig sind. Im Restaurant sind bei Zufriedenheit 20 % der Rechnungssumme mehr als ausreichend, für Takeout wesentlich weniger (ca. 10 %), für Fast Food ist in der Regel kein Trinkgeld nötig. Voreinstellungen auf Bildschirmen bei der Zahlungsabwicklung per Kreditkarte suggerieren oft mehr, davon nicht täuschen lassen - mehr als 20 % sind keinesfalls üblich und in aller Regel auch nicht angebracht.
- **Alkohol** darf nicht an Personen unter 21 Jahren verkauft, ausgeschenkt und generell nicht in der Öffentlichkeit konsumiert werden.
- Bei Restaurantbesuchen (v. a. in Toplokalen) und in exklusiven Clubs gelten **Kleiderregeln.** Man sollte sich vorher erkundigen, sonst wird man nicht reingelassen.
- Bei der **Begrüßung** ist Händeschütteln eher unüblich, dafür werden altersunabhängig schnell die Vornamen benutzt.
- Die amerikanischen **Tischsitten** sind etwas anders als in Europa: Amerikaner schneiden mit dem Messer vor und benutzen dann ausschließlich die Gabel. Pizza, Meeresfrüchte, einen Burger oder Burrito würde kein Amerikaner mit Messer und Gabel essen. Selbst in hochpreisigen Lokalen kann man sich Essensreste in eine *Doggy Bag* bzw. eine Box einpacken lassen.
- **Toiletten** nennt man nie *toilet,* sondern stets *restroom* oder *bathroom.*
- Man vermeidet in der Öffentlichkeit allzu große **physische Nähe** und hält immer mindestens eine Armlänge Abstand. Wenn man nahe an einer Person vorbeigehen muss, ist ein „Excuse me" üblich.

Verkehrsmittel

Boston hat ein für US-Verhältnisse sehr gutes ÖPNV-System, auch wenn es insbesondere zu Stoßzeiten überlastet ist. Dachorganisation ist die **Massachusetts Bay Transportation Authority** (MBTA), von Einheimischen „The T" genannt. Wenn man nicht zu Fuß gehen oder Radfahren möchte, ist der ÖPNV für eine Stadterkundung in jedem Fall die beste Wahl.

Ein **allgemeiner Überblick** findet sich unter www.boston-discovery-guide.com/boston-public-transportation.html. Zu **Plänen, Karten und Preisen** siehe www.mbta.com.

Tickets

Für den öffentlichen Nahverkehr in Boston sind im Wesentlichen zwei Ticketformate erhältlich: zum einen die **CharlieCard,** eine kostenlose Plastikkarte im Scheckkartenformat, und zum anderen das **CharlieTicket,** eine einfache Karte aus Karton mit Magnetstreifen. Alle Tickets können auf beide Karten geladen werden, beide gelten auf allen Bus- und Subway-Linien in Boston (inkl. Silver Line). Der Vorteil des CharlieTickets ist, dass es im Gegensatz zur CharlieCard auch auf einigen Fähren und Commuter-Rail-Linien ins Umland benutzt werden kann. Für Touristen ist das CharlieTicket daher in der Regel die bessere Wahl.

Neben Einzelfahrscheinen ($ 2,40 für eine einfache Fahrt mit der Sub-

071bo-as

way, $ 1,70 für den Bus, Preise für Fähren und die Commuter Rail variieren je nach Distanz) können darauf auch Tagestickets geladen werden. Ein **1-Day-Pass** (24 Std.) kostet $ 11 pro Person, ein **7-Day-Pass** $ 22,50 (rentiert sich also schon ab drei Tagen Aufenthalt). Bezahlt wird am Automaten mit Kreditkarte oder in bar, die meisten Automaten geben Wechselgeld. Zudem ist an allen stark frequentierten Stationen Personal vor Ort, das bei der Ticketauswahl behilflich ist.

Beide Day-Passes beinhalten neben allen Subway- und Buslinien sowie der Silver Line auch die innere Zone 1A des Commuter-Rail-Systems (siehe ausgehängte Karten an den Stationen) sowie die beiden Fährlinien Charlestown Ferry und East Boston Ferry. Die Fahrt vom Boston Logan Ferry Dock (Flughafen) nach Downtown wird von der Hingham/ Hull Ferry bedient und gehört nicht dazu; für diese Fahrt muss ein separates Ticket gelöst werden.

› www.mbta.com/fares und www.mbta.com/fares/charliecard-and-charlieticket-online-services

U-Bahn/Subway

Zentrales Gerüst des innerstädtischen Nahverkehrs sind die nach Farben geordneten vier U-Bahn-Linien **Blue Line, Red Line, Orange Line** und **Green Line**, wobei nur die Blue-, Red- und Orange Lines klassische U-Bahnen *(subways)* sind. Die Fahrzeuge der älteren Green Line ähneln eher einer (im Zentrum unterirdisch fahrenden) Straßenbahn. Die Stationen sind oft sehr unübersichtlich und eng. Das liegt unter anderem auch daran, dass das Bostoner U-Bahnnetz das älteste der USA ist. Die Bahnhöfe werden durch Schranken betreten und verlassen, die sich mithilfe eines gültigen Tickets öffnen.

› www.mbta.com/schedules/subway

Die Green Line hat den Charakter einer Straßenbahn

Bus mit gut sichtbarem Aufsatz für die Mitnahme von maximal zwei Fahrrädern

Bus

Eine zentrale Buslinie ist die **Silver Line**, die unter anderem den Flughafen kostenlos und schnell mit der Innenstadt verbindet (nur diese Route der Silver Line ist kostenlos). Die Busse der Silver Line verkehren teilweise unterirdisch, elektrifiziert und auf reservierten Fahrbahnen, daher erscheint sie auf den Nahverkehrsplänen visuell gleichberechtigt mit den U-Bahn-Linien.

Neben der Silver Line gibt es auch eine Vielzahl von nach Nummern unterschiedenen **„normalen" Linien** von Stadt- und Vorortbussen, die die Metroregion netzartig überspannen. Sie stecken zu Stoßzeiten allerdings oft im Autoverkehr fest, darauf ist bei der Planung zu achten.

› www.mbta.com/schedules/bus

Commuter Rail (Regionalzüge)

Eine schnelle Verbindung in die Vororte und die weitere Umgebung bieten die Regionalzüge der Commuter Rail. Die insgesamt **zwölf Linien** reichen weit in das westliche Massachusetts hinein und decken in etwa ein Drittel des Staates ab. Sie verbinden die Innenstadt etwa auch mit den Sehenswürdigkeiten in Lexington, Concord, Lincoln und Lowell. Ausgangspunkte sind je nach Destination die North Station ([E1], Norden, Nordwesten) bzw. die South Station ([F4], Süden, Westen).

› www.mbta.com/schedules/commuter-rail

Hafen- und Inselfähren

Eine sehr entspannte Form der Fortbewegung bieten **Fähren** und **Wassertaxis.** Für Besucher interessant sind vor allem die Fährverbindungen der MBTA zwischen der Innenstadt (Long Wharf) und dem Boston Logan Airport bzw. dem Charleston Navy Yard. Hinzu kommen Boote des National Park Service, die von der Long Wharf mit dem Ziel Boston Harbor Islands ablegen. Schließlich sorgen private Anbieter für die Fortbewegung mit Wassertaxis.

› **Fähren der MBTA:** www.mbta.com/schedules/ferry
› **Fähren zu den Harbor Islands:** www.bostonharborislands.org und www.nps.gov/boha
› **Wassertaxis:** www.bostonwatertaxi.com (Tel. 617 406 8584) oder www.roweswharfwatertransport.co (Tel. 617 406 8584)

072bo-as

085bo © f11photo, stock.adobe.com

Wetter und Reisezeit

Boston wird trotz der Lage am Meer der **feuchtkontinentalen Klimazone** zugerechnet. Grundsätzlich trifft man also auf denselben Jahreszeitenzyklus wie in Mitteleuropa, allerdings mit **heißeren Sommern** und **kälteren Wintern.** Im Sommer sind längere Zeitspannen mit täglich über 30 ° C keine Seltenheit, im Winter liegen die Temperaturen auch mal tagelang ununterbrochen im zweistelligen Minusbereich. Die **Niederschlagsmenge** ist ganzjährig nahezu gleich und im Sommer nur geringfügig niedriger als in der kalten Jahreszeit.

Besonders geeignete Reisezeiten sind das **Frühjahr** (ab Mitte Mai bis in den Juni) und der **Herbst** (September bis Mitte Oktober) mit eher moderaten Temperaturen. Natürlich bietet sich auch die Hauptreisezeit im Hochsommer an, allerdings kommt man dann mitunter ordentlich ins Schwitzen.

Taxis und Ridesharing

Taxis und Ridesharing-Dienste wie **Uber** oder **Lyft** sind natürlich auch in Boston allgegenwärtig, allerdings nur außerhalb der Rush Hour (z. B. für Fahrten spätabends oder nachts) zu empfehlen, da man sonst schnell im Individualverkehr steckenbleibt. Die Ridesharing-Dienste funktionieren mit den einschlägigen Apps auf dem Smartphone. Taxis bestellt man z. B. unter http://bostoncab.us (online buchbar) oder Tel. 617 5365010.

Bostons Winter können sehr schneereich sein

Alt und neu: Die Trinity Church 24 *spiegelt sich im John Hancock Tower* 23

Durchschnitt	Wetter in Boston											
Maximale Temperatur	2°	3°	8°	13°	19°	25°	28°	27°	23°	17°	11°	5°
Minimale Temperatur	– 6°	–5°	0°	5°	10°	15°	18°	18°	14°	8°	4°	–3°
Regentage	9	8	9	9	9	8	7	8	7	7	9	10
	Jan	Febr	März	Apr	Mai	Juni	Juli	Aug	Sept	Okt	Nov	Dez

ANHANG

073bo-as

Kleine Sprachhilfe Amerikanisch

Für einen tieferen Einstieg in die Sprache seien an dieser Stelle die Reisesprachführer „Amerikanisch – Wort für Wort" (Kauderwelsch-Band 143), „American Slang" (Kauderwelsch-Band 29) und „More American Slang" (Kauderwelsch-Band 67) aus dem Reise Know-How Verlag empfohlen.

Begrüßung und Höflichkeit

Guten Morgen	*Good morning* (bis mittags)
Guten Tag	*Good afternoon* (ab mittags)
Guten Abend	*Good evening*
Gute Nacht	*Good night*
Auf Wiedersehen	*Goodbye/Bye-bye/ See you* (umgangssprachlich)
Willkommen!	*Welcome!*
Mein Name ist ...	*My name is ...*
Wie heißen Sie?	*What's your name?*
Schön Sie/Dich kennenzulernen/zu sehen.	*Nice/Good to see you.*
Entschuldigen Sie ...	*Excuse me, please, ...* (bei Fragen)
Verzeihung!	*Sorry/Pardon me!*
Bitte	*Please* (bei Fragen, Bitten)
Danke	*Thank you/Thanks*
Bitte, gern geschehen	*You are (very) welcome*
Könnten Sie mir bitte sagen ...	*Could you, please, tell me ...*

Allgemeine Fragen und Wendungen

Ich bin/Wir sind ...	*I am .../We are ...*
Das ist/sind ...	*This is/These are ....*
Wo ist/sind ...?	*Where is/are ...?*
Wo kann ich ... bekommen?	*Where can I get ...?*
Was ist das?	*What's that?*
Haben Sie ...?	*Have you got ...? I am looking for ...*
Wie viel kostet ...?	*How much is ...?*
Ich verstehe nicht.	*I don't understand.*
Sprechen Sie Deutsch?	*Do you speak German?*
Wie heißt das auf Englisch?	*What's that in English?*
vielleicht	*perhaps, maybe*
wahrscheinlich	*probably*
Ist es möglich ...?	*Is it/Would it be possible ...?*
Wer?	*Who?*
Was?	*What?*
Wie?	*How?*
Wie viel(e)?	*How much?* (Menge) *How many?* (Anzahl)

+++ Die wichtigsten Wörter mit dem Bonus-Audiotrack des Kauderwelsch-

Zeit

Wie spät ist es?	*What time is it?*
Es ist 10 Uhr	*It's 10 a.m. (ante meridiem)*
Es ist 22 Uhr	*It's 10 p.m. (post meridiem)*
Mittag/Mitternacht	*noon/midnight*
heute	*today*
morgen	*tomorrow*
gestern	*yesterday*
morgens	*in the morning*
nachmittags	*in the afternoon*
abends	*in the evening*
früh/früher	*early/earlier*
spät/später	*late/later*

Wochentage

Montag	*Monday*	Freitag	*Friday*
Dienstag	*Tuesday*	Samstag	*Saturday*
Mittwoch	*Wednesday*	Sonntag	*Sunday*
Donnerstag	*Thursday*	Feiertag	*holiday*

Geldangelegenheiten

Geld, Kleingeld, Bargeld	*money, change, cash*
1 Dollar ($)	*„buck" (100 cent)*
1/5/10/25 Cent (c.)	*penny/nickel/dime/quarter*
Tausender	*grand*
Geldautomat	*ATM (automated teller machine)*
Kreditkarte	*credit card*
Reisescheck	*travelers cheque/check*
Ausweis	*ID (identification papers/card), passport*
Steuer	*tax*
Gebühr	*fee*

Unterwegs

Wie weit ist es bis ...?	*How far is it to ...?*
Ist das der richtige Weg nach ...?	*Is this the right way to ...?*
Nord, Süd, Ost, West	*north, south, east, west*
links, rechts	*left, right*
geradeaus, zurück	*straight (ahead), back (to)*
Ampel, Kreuzung	*traffic light(s), junction*
Auto/Mietwagen	*car, vehicle/rental car*
Autovermietung	*car rental station*

Lastwagen	*truck*
Motorrad	*motorcycle, bike*
Benzin	*gas*
Tankstelle	*gas station*
Führerschein	*driver's license*
Panne/Pannenhilfe	*breakdown/roadside assistance*

Öffentliche Verkehrsmittel

Fahrkarte	*ticket*
Tageskarte	*day pass*
einfache Fahrt	*one-way trip*
hin und zurück	*round trip*
Schienenverkehr (Tram, U-/S-Bahn)	*light rail*
Straßenbahn	*tram, streetcar*
U-Bahn	*subway, metro*
(Bus-)Bahnhof/-Haltestelle	*(bus) station/stop*
Zug/Bahnhof	*train/train station, railroad station*
Schiff/Fähre	*boat/ferry*

Unterkunft

Haben Sie ein Zimmer frei?	*Any vacancy? Do you have a room available?*
Zimmer frei/besetzt (Schilder)	*Vacancy/No vacancy*
Reservierung	*reservation*
Einzel-/Doppelzimmer	*single/double room*
... mit einem Bett/	*... with one (king-size)/*
... mit zwei Betten	*... with two (queen-size) beds*
... mit Frühstück	*... with breakfast included*
Badezimmer	*bathroom*
Dusche, Badewanne	*shower, bathtub*
WC	*bathroom, restroom, ladies'/men's room*
behindertengerecht	*handicapped accessible/ handicap-accessible*
Aufzug, Treppe, Rolltreppe	*elevator, stairs, escalator*
Stockwerk	*floor*
Parterre/erster Stock	*ground floor oder first floor/second floor*

Essen und Trinken

Speisekarte	*menu*
Ich möchte ... bestellen	*I would like (to order) .../I will take ...*

Rechnung	*check*	Mittagessen	*lunch*
Tagesgericht	*daily special*	Abendessen	*dinner/supper*
Vorspeise	*appetizer*	Bedienung (m/w)	*waiter/waitress*
Hauptgericht	*entree/entrée*	Trinkgeld	*tip, gratuity*
Nachspeise	*dessert*	essen	*to eat*
Frühstück	*breakfast*	trinken	*to drink*

Register

A

Abolitionismus 26
Accessoires 80
African Meeting House 39
Amerikanisch 118, 130
Ancient Fishweir Project 86
Anreise 102
Antiquitäten 82
Apotheken 113
Apps 110
Aquarium 28
Arlington International Film Festival 88
Arnold Arboretum 56
Arzt 112
Ausgehen 73
Auslandsreisekrankenversicherung 112
Autofahren 104
Avenue of the Arts 47

B

Back Bay 42
Bahn 103, 127
Barrierefreies Reisen 105
Bars 74
Baseball 50
Beacon Hill 39
Bed & Breakfast 124
Behinderte 105
Bevölkerung 98
Bierlokale 74
Big Dig 27
Black Heritage Trail 40
Bluebikes 116
Boskone 85
Boston Anime Festival 86
Boston Athenæum 20
Boston Children's Museum 60
Boston City Hall 23
Boston Common 17
Boston Dragon Boat Festival 87
Boston Fire Museum 60
Boston Freedom Rally 88
Boston Harbor Fest 87
Boston Harbor Islands National Park 58
Boston Harborwalk 29
Bostonians 98
Boston Jewish Film Festival 88
Boston Juneteenth 86
Boston Logan International Airport 102
Boston Marathon 86
Boston Pride Festival & Parade 86
Boston Public Library 44
Boston Public Market 80
Boston Red Sox 50
Boston Science Fiction Film Festival 85
Boston's Fourth of July 87
Boston Tea Party 30
Boston Tea Party Ships and Museum 31
Botschaften 105
Brauereien 72
BSA Space 60
Bücher 83
Buchungsportale 122
Bunker Hill Day Parade 87
Bunker Hill Monument und Museum 38
Bus 103, 127
Busch-Reisinger Museum 54

C

Cafés 71
Cambridge 52
Carpenter Center for Visual Arts 54
Central Artery 27
Charlestown 34
CharlieCard 125
CharlieTicket 125
Chinatown 33
Chinese New Year 85
City Hall 23
City Hall Plaza 23
Clubs 76
Comedy 78
Commonwealth Museum 60
Commuter Rail 127
Craftbeer 64

D

Debitkarte 108, 115
Design District 46
Diplomatische Vertretungen 105
Discos 76
Downtown 17
Drogeriemärkte 113

E

Einkaufen 79
Einreisebestimmungen 106
Einreisekontrolle 106
Electronic System for Travel Authorization (ESTA) 106
Elektrizität 107
Emerald Necklace 51
Englisch 118, 130
Essen 63

F

Fähren 127
Fahrrad 119
Fahrradtour 117
Faneuil Hall Marketplace 25
Feiertage 88
Fenway 47
Fenway Park 50
Festivals 85
First Night 88
Fisherman's Feast 87
Flughafen 102
Freedom Trail 12
Fremdenverkehrsamt 109
Fundsachen 115

G

Gärten 84
Gastronomie 63
Geld 107

Geschichte 93
Getränke 64
Gewichte 112
Gibson House Museum 61
Girocard 108, 115
Granary Burying Ground 19
Great Molasses Flood 36
Greek Independence Parade 86

H
Hancock Tower 42
Handy 121
Harborwalk 29
Harvard Art Museums 54
Harvard Museum of Natural History 55
Harvard University 54
Head of the Charles Regatta 88
Hichborn House 36
Holocaust Memorial 25
Homosexuelle 111
Hostels 124
Hotels 123
Huntington Avenue 47

I
Indianer 94
Informationsquellen 109
Institute of Contemporary Art 32
Internet 111
Isabella Stewart Gardner Museum 49
Italienische Straßenfeste 87

J
Jamaica Plain 56
John F. Kennedy Library and Museum 57
John Hancock Tower 42

K
Kajak 121
Kartensperrung 115
Kennedy, John F. 57
Kinder 113
Kleinkunst 78
Kneipen 74
Konfektionsgrößen 81
Konsulate 105
Krankenhäuser 112
Kreditkarte 107, 108, 115
Kresge Auditorium 53
Kunst 46, 60
Kunstgalerien 62

L
Le Corbusier 54
Legoland Discovery Center 114
Leitungswasser 65
Lesben 111
LGBT+ 111
Literaturtipps 110
Livemusik 76
Lokale 65
L Street Brownies Swim 85

M
MAAM 61
Märkte 80
Massachusetts Institute of Technology (MIT) 52
Maße 112
McKim Building 44
Medien 110
Medizinische Versorgung 112
Metro 126
MIT Museum 53
Mode 80
Museen 60
Museum of African American History 39
Museum of Fine Arts 48
Museum of Science 42
Musical 77
Musik 83

N
Nachtleben 73
Netzspannung 107
New England Aquarium 28
New England Holocaust Memorial 25
North End 34
Notfälle 114
Notrufnummer 114

O
Öffnungszeiten 115
Old Corner Bookstore 21
Old North Church 36
Old South Meeting House 20
Old State House 21
Oper 77

P, Q
Parken 104
Parks 84
Park Street Church 19
Patriot's Day Parade 86
Paul Revere House 35
Paul S. Russell, MD Museum of Medical History and Innovation 61
Polizei 114
Post 115
Preisniveau 109
Public Garden 17
Public Market 80
Quincy Market 26

R
Radfahren 116
Raucher 74
Red Sox 50
Reenactments 22
Regionalzüge 127
Reisezeit 128
Restaurants 65
Revere, Paul 35
Rose Fitzgerald Kennedy Greenway 27
Rundgang 12

S

Sacred Cod 13
Schiffstouren 120
Schmuck 80
Schwule 111
Seafood 67
Shopping 79
Shoppingmalls 79
Sicherheit 118
Sklaverei 26
South End 42
Souvenirs 82
SoWa Art & Design District 46
Spartipps 108
Sperrnummer 115
Sprache 118, 130
Stadtgeschichte 93
Stadtspaziergang 12
Stadttouren 118
St. Anthony's Feast 87
Stewart Gardner, Isabella 49
St. Patrick's Day Parade 86
Stromspannung 107
Subway 126
Supermärkte 84

T

Taxis 128
Telefonieren 121
Termine 85
The African Meeting House 39
Theater 78
The Great Molasses Flood 36
The Handmaid's Tale 50, 110
The New England Holocaust Memorial 25
The West End Museum 62
Tickets (ÖPNV) 125
Touristeninformation 109
Trinity Church of Boston 43
Trinken 64
Trinkgeld 65
Trinkwasser 65

U

U-Bahn 126
Uhrzeit 122
Umrechnungskurs 108
Unterkunft 122
US-Dollar 107
USS Constitution 37
USS Constitution Museum 37

V

Van-de-Graaff-Generator 13, 42
Veganer 69
Vegetarier 69
Veranstaltungen 85
Verhaltenstipps 125
Verkehrsmittel 125
View Boston 10
Vilna Shul 41
Visa Waiver Program (VWP) 106
Vorwahlen 4, 121

W, Y

Walk for Hunger 86
Wang Theatre 34
Wasser 65
Wassertaxis 127
Websites 109
Wechselkurs 107
West End 39
Wetter 128
Whale Watching 13, 30, 120
Widener Library 54
WLAN 111
Youth Pride 86

Z

Zahlungsmittel 107
Zeit 122
Zoll 106

Sonst landet es im Meer: Hinweis zur umweltgerechten Entsorgung von Flüssigkeiten

074bo-as

Das ist
noch nicht alles!
Mehr Reise Know-How gibt es hier:
www.reise-know-how.de
Reiseführer | CityTrip | MeinTrip | InselTrip

REISE
KNOW-HOW
@ReiseKnowHow
@reiseknowhowverlag
@Reise_KnowHow
auf www.reise-know-how.de
für den Newsletter anmelden
Zugspitze, Foto: Aneta Niemitz
Wohnmobil-Tourguide | Kauderwelsch | Landkarten | Soul Places

1 cm = 12,5 km

25 km

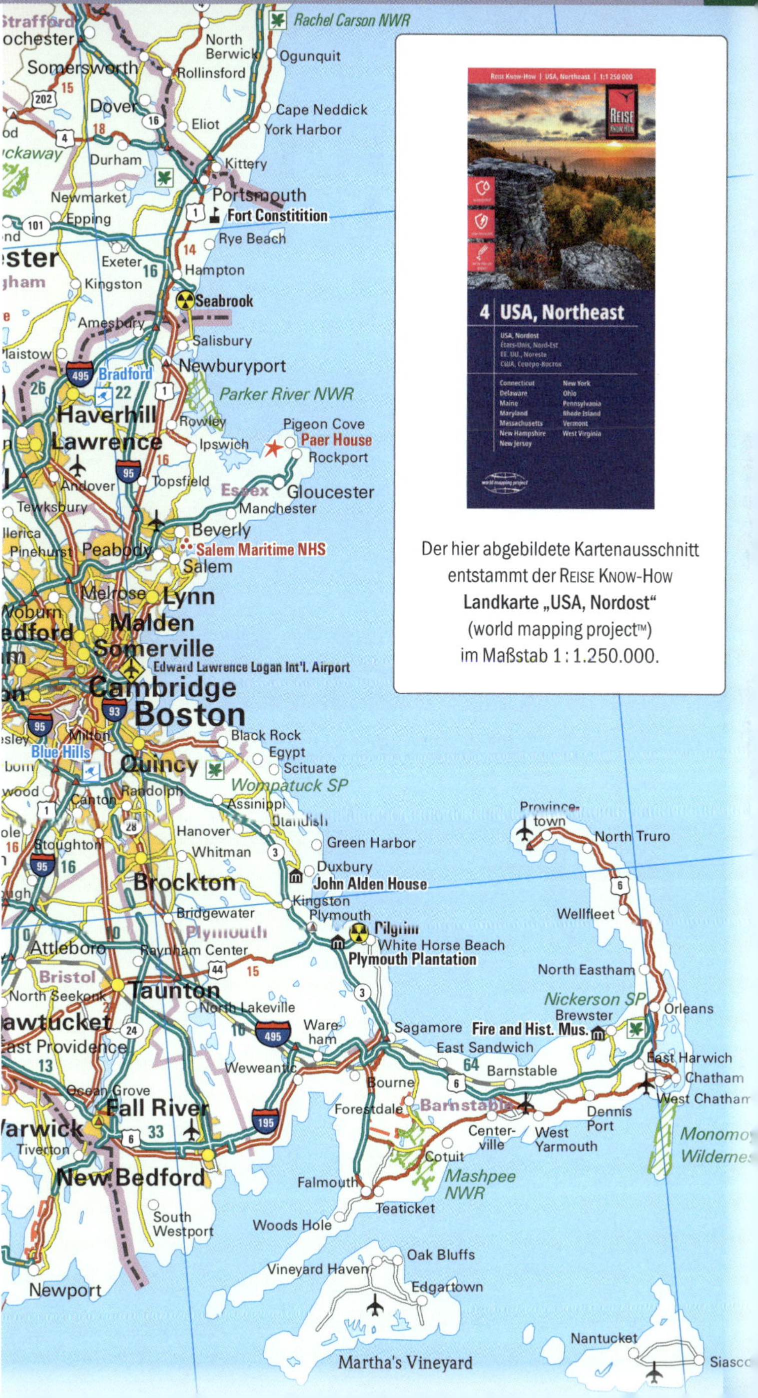

Der hier abgebildete Kartenausschnitt entstammt der Reise Know-How **Landkarte „USA, Nordost"** (world mapping project™) im Maßstab 1 : 1.250.000.

Impressum

Alexander Simmeth

CityTrip Boston

© Reise Know-How Verlag
Peter Rump GmbH
2., neu bearbeitete und aktualisierte Auflage 2024

ISBN 978-3-8317-3805-2

Druck und Bindung:
mediaprint solutions GmbH, Paderborn

Herausgeber: Klaus Werner
Layout: amundo media GmbH (Umschlag, Inhalt), Peter Rump (Umschlag)
Lektorat: amundo media GmbH
Karten: Ingenieurbüro K. Wendler, amundo media GmbH
Anzeigenvertrieb: KV Kommunalverlag GmbH & Co. KG, Alte Landstraße 23, 85521 Ottobrunn, Tel. 089 928096-0, info@kommunal-verlag.de
Kontakt: Osnabrücker Str. 79, 33649 Bielefeld, info@reise-know-how.de

Alle Angaben in diesem Buch sind gewissenhaft geprüft. Preise, Öffnungszeiten usw. können sich jedoch schnell ändern. Für eventuelle Fehler übernehmen Verlag wie Autor keine Haftung.

Bildnachweis
Umschlagvorderseite: ©Marcio, stock.adobe.com | Umschlagrückseite: ©lunamarina, stock.adobe.com | Umschlagklappe rechts: Alexander Simmeth
Soweit ihre Namen nicht vollständig am Bild vermerkt sind, stehen die Kürzel an den Abbildungen für die folgenden Fotografen, Firmen und Einrichtungen. Alexander Simmeth: as

Liste der Karteneinträge

1 [D4] Boston Common und Public Garden S. 17
2 [E3] Park Street Church und Granary Burying Ground S. 19
3 [E3] Boston Athenæum S. 20
4 [F3] Old South Meeting House S. 20
5 [F3] Old Corner Bookstore S. 21
6 [F3] Old State House S. 21
7 [F2] Boston City Hall und Plaza S. 23
8 [F2] The New England Holocaust Memorial S. 25
9 [F2] Faneuil Hall Marketplace S. 25
10 [G3] Rose Fitzgerald Kennedy Greenway S. 27
11 [G3] New England Aquarium S. 28
12 [G4] Boston Tea Party Ships and Museum S. 31
13 [H4] Institute of Contemporary Art S. 32
14 [E4] Chinatown S. 33
15 [D5] Wang Theatre S. 34
16 [F2] Paul Revere House S. 35
17 [F1] Old North Church S. 36
18 [eg] USS Constitution und Museum S. 37
19 [dg] Bunker Hill Monument und Museum S. 38
20 [D3] Museum of African American History & The African Meeting House S. 39
21 [D2] Vilna Shul S. 41
22 [C1] Museum of Science S. 42
23 [C5] John Hancock Tower S. 42
24 [C5] Trinity Church of Boston S. 43
25 [B5] Boston Public Library, McKim Building S. 44
26 [D6] SoWa Art & Design District S. 46
27 [bk] Avenue of the Arts S. 47
28 [bk] Museum of Fine Arts S. 48
29 [bk] Isabella Stewart Gardner Museum S. 49
30 [bj] Fenway Park S. 50
31 [bh] Massachusetts Institute of Technology (MIT) S. 52
32 [ag] Harvard University S. 54
34 [fl] John F. Kennedy Library and Museum S. 57

1 [bj] Shattuck Visitor Center S. 51
★2 [bh] Great Dome S. 53
★3 [bh] Kresge Auditorium S. 54
4 [ch] MIT Museum S. 54
★5 [ag] Carpenter Center for the Visual Arts S. 55
6 [ag] Harvard Art Museums S. 55
7 [ag] Harvard Museum of Natural History S. 55
8 [ag] Widener Library S. 55
9 [G4] Boston Children's Museum S. 60
10 [G5] Boston Fire Museum S. 60
11 [F4] BSA Space S. 60
12 [el] Commonwealth Museum S. 60
13 [C4] Gibson House Museum S. 61
14 [bk] MAAM S. 61
15 [D2] Paul S. Russell, MD Museum of Medical History and Innovation S. 61
16 [ag] Peabody Museum of Archeology & Ethnology S. 62
17 [E1] The Sports Museum S. 62
18 [E1] The West End Museum S. 62
19 [D6] Boston Sculptors Gallery S. 62
20 [aj] Boston University Art Galleries (1) S. 62
21 [aj] Boston University Art Galleries (2) S. 62
22 [B5] Copley Society of Art S. 62
23 [C4] Galerie d'Orsay S. 62
24 [C4] Gallery NAGA S. 63
25 [C4] Krakow Witkin Gallery S. 63
26 [ck] NU Gallery S. 63
27 [C4] Robert Klein Gallery S. 63
28 [dk] ShowUp S. 63
29 [E6] Soprafina Gallery S. 63
30 [B5] Vose Galleries S. 63
31 [E4] Archie's New York Deli S. 65
32 [A5] Asta S. 66
33 [C5] Grill 23 & Bar S. 66
34 [fg] Kelley Square Pub S. 66

35 [D5] Mike & Patty's S. 66
36 [E3] Mooo.... Beacon Hill S. 66
37 [G5] Mooo.... Seaport S. 66
38 [F2] Pauli's S. 66
39 [F1] Theo's Cosy Corner S. 67
40 [G2] Boston Sail Loft S. 67
41 [B5] Luke's Lobster Back Bay S. 67
42 [F2] Neptune Oyster S. 67
43 [D4] Ostra S. 67
44 [G5] Row 34 S. 67
45 [J5] Yankee Lobster S. 68
46 [E3] Banh Mi Ok S. 68
47 [E5] Dynasty S. 68
48 [A5] Hokkaido Ramen Santouka Back Bay S. 68
49 [F2] Kala Thai Cookery S. 68
50 [D6] Myers + Chang S. 68
51 [E4] New Golden Gate Seafood S. 68
52 [A5] Uni S. 68
53 [E3] Zen Restaurant S. 68
54 [C4] Beatnic Vegan Restaurant S. 69
55 [E3] Clover Food Lab S. 69
56 [E4] My Thai Vegan Cafe S. 69
57 [F2] Antico Forno S. 70
58 [E6] Bar Mezzana S. 70
59 [F2] Galeria Umberto Pizzeria S. 70
60 [F2] Mamma Maria S. 70
61 [fg] Mario's Restaurant S. 70
62 [F1] Regina Pizzeria S. 70
63 [D2] Anna's Taqueria S. 71
64 [al] Blue Nile S. 71
65 [A5] Deuxave S. 71
66 [bj] El Pelon Taqueria S. 71
67 [eg] El Peñol S. 71
68 [B5] Lolita Cocina & Tequila Bar S. 71
69 [al] Tres Gatos S. 71
70 [F1] Bova's Bakery S. 71
71 [E4] Caffè Nero S. 71
72 [F2] Caffè Vittoria S. 71
73 [G4] Flour Bakery & Cafe S. 71
74 [E4] Jaho Coffee & Tea S. 72
75 [D2] J.P. Licks S. 72
76 [F2] Mike's Pastry S. 72
77 [D3] Tatte Bakery & Cafe S. 72
78 [E4] Thinking Cup (1) S. 72
79 [F2] Thinking Cup (2) S. 72
80 [C4] Thinking Cup (3) S. 72
81 [E4] Democracy Brewing S. 72
82 [J6] Harpoon Brewery Beer Hall S. 72
83 [E1] Night Shift Brewing – Lovejoy Wharf S. 72
84 [bl] Samuel Adams Boston Brewery S. 72
85 [G4] Trillium Brewing S. 73
86 [E3] 21st Amendment S. 74
87 [bj] Bleacher Bar S. 74
88 [dg] Brewer's Fork S. 74
89 [ek] Croke Park S. 74
90 [C6] Delux Cafe S. 74
91 [G5] Drink S. 74
92 [D5] Jacques' Cabaret S. 74
93 [J5] Legal Harborside Roof Deck S. 74
94 [C5] Oak Long Bar S. 75
95 [bh] Roxy's Arcade S. 75
96 [dl] The Banshee S. 75
97 [al] The Brendan Behan Pub S. 75
98 [E4] The Tam S. 75
99 [D5] Trophy Room S. 75
100 [C5] Club Café S. 76
101 [D5] Icon Nightclub S. 76
102 [bh] ManRay S. 76
103 [D5] Metro Boston Nightclub S. 76
104 [D5] Royale S. 76
105 [F3] The Alley Bar S. 76
106 [aj] Agganis Arena S. 76
107 [A5] Berklee Performance Center S. 76
108 [bj] House of Blues S. 76
109 [E3] Orpheum Theatre S. 76
110 [aj] Paradise Rock Club S. 76
111 [ah] Scullers Jazz Club S. 76
112 [E1] TD Garden S. 77
113 [bg] The Lilypad S. 77
114 [bh] The Middle East Restaurant and Nightclub S. 77
115 [ag] The Sinclair S. 77
116 [ck] Wally's Cafe Jazz Club S. 77
117 [cj] Boston Conservatory at Berklee S. 77

118 [E4] Boston Opera House S. 77
119 [A6] Boston Symphony Hall S. 77
120 [D4] Colonial Theatre S. 77
121 [ck] Jordan Hall S. 78
122 [C3] Hatch Memorial Shell S. 78
123 [J5] Leader Bank Pavilion S. 78
124 [C6] Boston Center for the Arts S. 78
125 [D5] Charles Playhouse S. 78
126 [D5] Shubert Theatre S. 78
127 [E5] Wilbur Theatre S. 78
128 [aj] Coolidge Theatre S. 78
129 [B5] Copley Place S. 79
130 [B5] Prudential Center S. 80
131 [F2] Boston Public Market S. 80
132 [C5] Copley Square Farmers Market S. 80
133 [E6] SoWa Open Market S. 80
134 [B5] Bobbles & Lace S. 80
135 [B5] Classic Tuxedo & Custom Clothing S. 81
136 [E1] Converse Flagship Store S. 81
137 [D3] December Thieves S. 81
138 [D3] Helen's Leather Shop S. 81
139 [D6] M. Flynn Jewelry S. 81
140 [D6] Michelle Mercaldo S. 82
141 [C6] Sault New England S. 82
142 [B5] Soodee (1) S. 82
143 [D3] Soodee (2) S. 82
144 [A5] The Hempest S. 82
145 [F2] Best of Boston S. 82
146 [D3] Blackstone's S. 82
147 [A5] The Fairy Shop S. 82
148 [B5] The Fish & Bone S. 82
149 [bh] Great Eastern Trading Co S. 82
150 [D3] Upstairs Downstairs Antiques S. 82
151 [B4] Yuri's Watches S. 82
152 [E4] Brattle Book Shop S. 83
153 [F3] Commonwealth Bookstore S. 83
155 [ag] Harvard Book Store S. 83
156 [D3] Music Research Library S. 83
157 [A5] Newbury Comics S. 83
158 [bj] Nuggets S. 83
159 [A5] Trident Booksellers & Cafe S. 83
160 [A5] Trader Joe's S. 84
161 [D2] Whole Foods Market S. 84
162 [B5] German Consulate General Boston S. 105
163 [E4] Boston Common Visitor Center S. 109
164 [D2] Massachusetts General Hospital S. 112
165 [E5] Tufts Medical Center S. 112
166 [C5] CVS (1) S. 113
167 [D2] CVS (2) S. 113
168 [E4] CVS (3) S. 113
169 [F3] Walgreens Pharmacy (1) S. 113
170 [B5] Walgreens Pharmacy (2) S. 113
172 [E2] Boston Police S. 114
173 [F3] USPS-Postfiliale (1) S. 115
174 [F2] USPS-Postfiliale (2) S. 115
175 [F5] USPS-Postfiliale (3) S. 115
176 [G2] Urban Adventours S. 119
177 [H6] Aloft Boston Seaport District S. 123
178 [G1] Battery Wharf Hotel Boston Waterfront S. 123
179 [D4] Boston Park Plaza S. 123
180 [F2] Canopy by Hilton Boston Downtown S. 123
181 [E1] CitizenM Hotel S. 123
182 [A5] Newbury Guest House S. 123
183 [A5] No. 284 powered by Sonder S. 123
184 [E3] Omni Parker House S. 123
185 [D5] Staypineapple S. 124
186 [E2] The Boxer Hotel S. 124
187 [A6] The Midtown Hotel S. 124
188 [C6] The Revolution Hotel S. 124
189 [bj] The Verb Hotel S. 124
190 [C4] College Club of Boston S. 124
191 [D5] FOUND Hotel Boston S. 124
192 [E4] HI Hostel Boston S. 124

Hier nicht aufgeführte Nummern liegen außerhalb der abgebildeten Karten. Ihre Lage kann aber wie die von allen Ortsmarken im Buch mithilfe der Web-App angezeigt werden (s. S. 144).

Boston mit PC, Smartphone & Co.

QR-Code auf dem Umschlag scannen oder **www.reise-know-how.de/citytrip/boston24** eingeben und die **kostenlose Web-App** aufrufen (Internetverbindung zur Nutzung nötig)!

★**Anzeige der Lage und Satellitenansicht aller** beschriebenen Sehenswürdigkeiten und weiteren Orte
★**Routenführung** vom aktuellen Standort zum gewünschten Ziel
★**Exakter Verlauf** des empfohlenen Stadtspaziergangs
★**Audiotrainer** der wichtigsten Wörter und Redewendungen
★**Updates** nach Redaktionsschluss

GPS-Daten zum Download

Die GPS-Daten aller Ortsmarken und des Spaziergangs stehen auf der Produktseite des Titels auf www.reise-know-how.de zum Download zur Verfügung.

Stadtplan für mobile Geräte

Um den Stadtplan auf Smartphones und Tablets zu nutzen, empfehlen wir die App „Avenza Maps“ der Firma Avenza™. Über die Funktion „Store“ kann die „Citymap Boston 2024“ kostenlos geladen werden.

Die Information über und die Bereitstellung von digitalen Zusatzinhalten (z. B. Web-App, Links, GPS-Tracks o. Ä.) ist eine freiwillige Zusatzleistung des Verlages, auf die kein Anspruch besteht und für deren Richtigkeit aufgrund der Veränderlichkeit solcher Informationen auch nicht gehaftet werden kann. Insbesondere behält sich der Verlag deshalb vor, die Bereitstellung und die Zugriffsmöglichkeit zeitlich zu befristen und den Zugriff hierauf auch vorfristig abzuschalten.

Zeichenerklärung

Arzt, Apotheke, Krankenhaus
Bar
Bibliothek
Café, Eiscafé
Denkmal
Fischrestaurant
Friedhof
Galerie
Geschäft, Kaufhaus, Markt
Hotel, Unterkunft
Imbiss, Bistro
Informationsstelle
Jugendherberge, Hostel
Kino
Kirche
Museum
Musikszene, Disco, Club
Parkplatz
Pension, Bed and Breakfast
Polizei
Post
Pub, Kneipe, Biergarten
Restaurant
★ Sehenswürdigkeit
● Sonstiges
Strand
✡ Synagoge
Theater
Vegetarisches Restaurant
U-Bahn-Haltestelle
Amtrak-Haltestelle

Shoppingareal
Gastro- und Nightlife-Areal
Stadtspaziergang (s. S. 12)

★★★ nicht verpassen
★★ besonders sehenswert
★ wichtig für speziell interessierte Besucher

Inhaltsangabe

Überblickstabelle Wanderungen 6

I. Westliche Alb: Heuberg und Zollernalb. 13
II. Mittlere Alb: Reutlinger Alb, Alb-Donau, Teck-Neuffen 73
III. Östliche Alb: Stauferland und Ostalb 129
IV. Bonustouren „Alb in Sicht" 169

Gebrauch, Ausrüstung, Sicherung, Legende 185
Alphabetisches Register 190
Übersichtskarte . . . . siehe Umschlag

Vorwort

Der Weitwanderer Johann Wolfgang von Goethe sagt: „Nur wo du zu Fuß warst, bist du wirklich gewesen." Landschaft und Natureindrücke zu erfassen, braucht Zeit, damit das Herz sie abspeichern kann. Mit der Zeit ist es so eine Sache: Erwachsene tun gut daran, auf die Zeitangaben im Wanderführer zu achten. Manchmal erzeugt das aber auch Druck: Ein Wettlauf gegen die Uhr beginnt und Leistungsdenken setzt ein.
Wandern mit Kindern ist genial, denn mit ihnen ist die Gegenwart bestimmend: Das Matschloch muss jetzt erforscht werden und der Kletterbaum sofort entdeckt. Ein „später vielleicht" existiert nicht. Eine Stunde bis zum Ziel wandern, das bleibt für die Kinder abstrakt. Eine Schnecke auf die andere Seite des Weges zu retten, nicht. Und der Kraxelfelsen im Hier und Jetzt ist ganz konkret und greifbar. Als Familie sind wir so gemeinsam und auf Augenhöhe unterwegs. Die Kinder vertiefen uns die Gegenwart. Also die Wanderung selbst. So dass wir am Ende wirklich dort gewesen sind. Zu Fuß und mit dem Kinderwagen. Mit viel Herzblut und einigen Schweißtropfen. Und es war wunderschön.
Wir danken allen, die mit uns wandern: im Gebirge, auf der Alb, durchs Leben. Was wären wir ohne euch?

Eure Sabine und Simone

Die Autorinnen

Sabine Volkert und Simone Haas sind Zwillingsschwestern, die in Albstadt im Zollernalbkreis geboren und aufgewachsen sind. Von klein auf begleitet sie die Liebe zur Natur und den Bergen, daher haben die beiden mit großer Freude am gemeinsamen „Schwesternprojekt" Kinderwagenwanderführer gearbeitet.

Simone Haas (ha)

wohnte einige Jahre nahe der Ostalb. Zusammen mit ihrem Mann und den beiden Töchtern hat es ihr unheimlich viel Spaß gemacht, dort familienfreundliche Flecken zu entdecken. Nun zieht es die Familie wieder dorthin zurück, wo die Alb am höchsten ist. Simone ist evangelische Pfarrerin und übt ihren Beruf ebenso leidenschaftlich aus, wie sie Wanderungen und Bergtouren plant und durchführt. Berühmt sind ihre sogenannten „Ruhetagstouren", nach denen oft ein weiterer Ruhetag benötigt wird. Ihre Begeisterung und Freude, Texte zu verfassen, hat dieses Büchle um etliche wertvolle Zeilen bereichert.

Sabine Volkert (sv)

ist die Initiatorin dieses Wanderführers. Bei einem Urlaub ins Montafon lieh sie sich von ihrer Schwester die Buchreihe vom Wandaverlag und beschloss voller Begeisterung, sich zu melden. Sabines Organisationstalent und genaues Arbeiten kommen diesem Büchlein sehr zugute, ebenso wie ihrem Beruf als Diplom-Verwaltungswirtin. Mit ihrem Mann und den beiden Kindern lebt sie in Balingen im Zollernalbkreis. In ihrer Freizeit wird entweder an Haus und Garten gewerkelt, es werden Ausflüge in die nähere und weitere Umgebung der Schwäbischen Alb unternommen oder die Koffer gepackt und in die Berge gefahren. In diesem Buch hat sie Kapitel I und II verfasst.